国家农业科技园区创新能力评价报告 2015

中国农村技术开发中心 著

科学技术文献出版社
SCIENTIFIC AND TECHNICAL DOCUMENTATION PRESS
·北京·

图书在版编目（CIP）数据

国家农业科技园区创新能力评价报告. 2015 / 中国农村技术开发中心著. —北京：科学技术文献出版社，2016.12
ISBN 978-7-5189-2270-3

Ⅰ.①国… Ⅱ.①中… Ⅲ.①农业技术—高技术园区—技术发展—研究报告—中国—2015 Ⅳ.① F324.3

中国版本图书馆 CIP 数据核字（2017）第 003908 号

国家农业科技园区创新能力评价报告2015

策划编辑：李 蕊　　责任编辑：张 红　　责任校对：赵 瑷　　责任出版：张志平

出 版 者	科学技术文献出版社
地　　　址	北京市复兴路15号　邮编 100038
编 务 部	（010）58882938，58882087（传真）
发 行 部	（010）58882868，58882874（传真）
邮 购 部	（010）58882873
官方网址	www.stdp.com.cn
发 行 者	科学技术文献出版社发行　全国各地新华书店经销
印 刷 者	北京时尚印佳彩色印刷有限公司
版　　　次	2016年12月第1版　2016年12月第1次印刷
开　　　本	889×1194　1/16
字　　　数	107千
印　　　张	7
书　　　号	ISBN 978-7-5189-2270-3
定　　　价	49.00元

版权所有　违法必究

购买本社图书，凡字迹不清、缺页、倒页、脱页者，本社发行部负责调换

国家农业科技园区创新能力评价2015
课题组

组　　　长：贾敬敦

副　组　长：赵红光　王振林　杨经学

主要研究人员：杨经学　张　亮　王　强
　　　　　　　霍　明　李俊清　张　超
　　　　　　　王云诚　宋长青　马　伟

前言

根据中共中央、国务院《关于深化科技体制改革加强国家创新体系建设的意见》（中发〔2012〕6号，以下简称中央6号文件）关于"建立全国创新调查制度，加强国家创新体系建设监测评估"的要求，科技部下发了《关于做好建立国家创新调查制度相关工作的通知》（国科计〔2013〕64号）对国家创新调查制度建设进行了全面部署，从国家、区域、产业和企业等多方面进行创新能力监测和评价。国家农业科技园区作为国家重要的创新密集区，农业科技创新的前沿阵地，对其创新活动进行评价是国家创新调查制度的重要组成部分。

根据党中央、国务院的部署，科技部会同农业部、水利部、国家林业局、中国科学院和中国农业银行，于2000年启动国家农业科技园区建设工作。经过十多年的建设，国家农业科技园区已经发展成为我国农业科技成果集成转化的前沿阵地，农业科技型企业孵化培育的成长摇篮，一二三产业融合发展的对接平台，农业农村科技创新创业的培育基地，促进农民增收就业的重要渠道，推进农业供给侧结构性改革的强力引擎；形成了一批产业特色鲜明、发展模式多样的优质现代农业科技园区，为加速我国由传统农业向现代农业转变开辟了一条新途径。

《国家农业科技园区创新能力评价报告2015》是国家农业科技园区创新能力系列报告的延续，是以国家农业科技园区创新能力评价指标体系为尺度形成的对国家农业科技园区创新能力指数以及发展情况的综合评价。通过在国家层面的定性和定量分析评价，反映和呈现农业科技园区在创新活动过程中的成效和不足，为国家政策的调整和实施、园区发展的顶层设计和宏观决策提供客观依据和数据支撑。通过对园区间的多角度对比和分析，有助于展示各地区国家农业科技园区的创新水平，建设发展过程的关键因素和不足之处，以咨国家农业科技园区的健康和协调发展。

《国家农业科技园区创新能力评价报告2015》继续采用国家农业科技园区创新能力评价指标体系。该体系通过全面研究农业科技园区创新能力的构成要素，综合分析创新能力的支撑、投入和产出指标，构建了创新支撑、创新水平和创新绩效三个一级指标和十八个二级指标的创新能力评价体系。各指标具有相对独立性，兼顾了国家农业科技园区发展的内部和外部因素。

《国家农业科技园区创新能力评价报告2015》评价样本数据以2014年全年创新能力监测数据为基础，并进一步创新和完善评价方法，在创新能力分析时侧重国家农业科技园区在建设发展过程中的创新能力动态变化情况。园区创新能力评价采用自然对数标准化的方法对原始数据进行了科学处理，消除了异方差对于评价结果的影响；利用泰尔系数对创新能力指数的总体差异进行了分析，判断出园区间创新能力的差异主要来源是区域内差异还是区域间差异；使用数据包络分析的方法，对园区创新技术效率进行了评价，发现高效使用创新资源的园区和创新效率不足的园区；并且以前一年为基期，通过数据的纵向对比和加权求和，计算出2014年的相对创新能力指数，从而了解各园区2014年创新能力的总体动态增长状况。

园区的评价样本方面，北京通州国家农业科技园区、北京延庆国家农业科技园区、内蒙古乌兰察布国家农业科技园区、辽宁海城国家农业科技园区、浙江杭州萧山国家农业科技园区、广东珠海国家农业科技园区、重庆渝北国家农业科技园区、四川宜宾国家农业科技园区、新疆昌吉国家农业科技园区、新疆哈密国家农业科技园区、厦门同安国家农业科技园区和深圳国家农业科技园区这12家园区因各种原因未上报本年度数据，因此未纳入评价范围。

为了科学、持续做好国家农业科技园区创新能力评价工作，科技部中国农村技术开发中心联合山东农业大学大数据研究中心专门组建了国家农业科技园区创新能力评价课题组。由于国家农业科技园区基础条件差异较大，有的园区管委会不完全是独立运行机构，各园区工作人员在对指标具体含义的认识上或多或少会存在一定的偏差，种种原因造成采集数据噪声较大。虽然我们采取了系列措施，力争在数据噪声处理、评价模型计算等方面做得更好，但水平有限，难免出现错误和不足。希望在以后的工作中，大家能够提出建议，帮助我们不断改进。希冀本报告的研究评价结论能够对园区的创新发展和现代化建设有所帮助。

国家农业科技园区创新能力评价

课题组

摘　要	1
第一章　国家农业科技园区创新能力总体评价	**5**
一、国家农业科技园区创新能力总体发展情况	7
二、国家农业科技园区创新能力聚类分析	11
三、国家农业科技园区创新能力区域差异分析	15
四、国家农业科技园区总体创新效率分析	17
五、小结	18
第二章　国家农业科技园区创新能力分项评价	
——创新支撑评价	**21**
一、国家农业科技园区人才队伍建设分析	22
二、国家农业科技园区创新平台建设	30
三、国家农业科技园区金融服务分析	34
四、国家农业科技园区信息化基础条件分析	38
五、国家农业科技园区政策环境分析	39
六、小结	40

第三章 国家农业科技园区创新能力分项评价

——创新水平评价　43

一、国家农业科技园区创新成果分析　44

二、国家农业科技园区集成创新分析　47

三、国家农业科技园区成果辐射分析　54

四、小结　61

第四章 国家农业科技园区创新能力分项评价

——创新绩效评价　63

一、国家农业科技园区技术性收入分析　64

二、国家农业科技园区产业结构分析　69

三、国家农业科技园区企业培育情况分析　71

四、国家农业科技园区品牌建设分析　78

五、国家农业科技园区土地产出率与劳动生产率分析　80

六、小结　84

附录　87

一、国家农业科技园区创新能力评价指标体系　88

二、国家农业科技园区创新能力评价数据来源　90

三、国家农业科技园区创新能力评价参评园区名单　91

四、国家农业科技园区创新能力评价测算过程　94

致谢　99

摘 要

国家农业科技园区建设工作是党中央、国务院提出的一项重要任务。其创新能力评价既是国家创新调查制度的重要组成部分，也是推动国家农业科技园区创新活动健康持续发展的重要手段。本报告包含园区创新支撑、创新水平和创新绩效三个一级指标和十八个二级指标的创新能力评价指标体系，依据2014年106个国家农业科技园区的填报数据，采用赋权加总、差异分析、效率测算、聚类分析以及纵向对比等多种研究方法相结合的方式，对国家农业科技园区的总体创新能力发展以及各分项创新能力指标的状况进行了评价与测量，从而得到以下主要结论：

总体研究方面，本报告在对2014年国家农业科技园区创新能力指数进行测算的基础上，通过定性和定量结合的方式进行了深度分析，得到以下研究结论：①园区之间创新能力差异主要来源于区域内差异，武汉园区创新能力指数得分蝉联首位；②园区创新支撑不断加强，创新绩效表现出色，创新水平是制约园区创新能力提升的瓶颈；③各园区创新能力指数在结构上差异明显，创新支撑对创新能力提升贡献较大；④园区的创新能力指数和分项指标均有增长，创新绩效增加幅度最大；⑤创新能力指数结构方面，演变为由创新支撑和创新绩效共同带动的双轮驱动模式；⑥从创新效率来看，东部、中部和西部[①]均有具备创新技术效率的园区，且园区数量相差不大；⑦园区聚类分析方面，四类园区的创新能力指数结构差异较大，创新引领区的创新水平明显领先于其他园区；而创新引领区和创新示范区的数量明显增加，园区的创新建设趋

---

① 东中西部划分方法为：东部地区包括12个省、自治区、直辖市，分别是辽宁、北京、天津、河北、山东、江苏、上海、浙江、福建、广东、广西、海南。中部地区包括山西、内蒙古、吉林、黑龙江、安徽、江西、河南、湖北、湖南9个省、自治区。西部地区指陕西、甘肃、青海、宁夏、新疆、四川、重庆、云南、贵州、西藏10个省、自治区、直辖市。

于平衡的发展态势。

分项评价一——创新支撑方面，创新支撑反映了园区的有形和无形创新资源的投入和集聚情况，是创新成果形成的物质基础和重要条件。本报告结合科技人员、研发经费、投融资强度、仪器设备、研发中心、信息化和扶持政策七个方面的指标对106个园区的创新支撑指数进行了核算，并结合2013年的创新支撑状况进行了纵向对比，从而得出如下研究结论：①园区人才队伍建设有较大的提升，法人科技特派员越来越受到园区的重视，个人科技特派员数量仍保持较高水平；②园区研发经费投入稳步提升，但区域间差异较大，中部最高，应注意区域的平衡问题；③园区积极建设研发平台，特别是省部级研发中心数量增长明显；④土地投融资强度提高明显，区域差异较大，研发投入强度提升明显，但各区域差距较为显著；⑤信息化基础设施明显改善，各类信息技术平台不断涌现，各园区积极搭建各类电商平台，为园区发展注入信息化要素；⑥政策支持力度加大，各园区分别在人才汇集，投资奖励以及税收方面给予了大力支持，保证了园区的稳步发展。

分项评价二——创新产出方面，创新水平反映的是各园区开展的创新活动以及取得的技术成果，是衡量国家农业科技园区创新过程质量的重要指标。本报告结合授权发明专利数、科技引进、科技推广三个方面的指标对106个园区的创新水平指数进行了核算，并与2013年的创新产出成果状况进行了对比，从而得出如下研究结论：①园区授权的发明专利数略有增加，园区每百名研发人员申请发明专利数与国家每百名研发人员申请发明专利数水平相当，但园区之间差异较大，有大学和科研机构支撑的园区在创新水平方面的表现明显出色；②以科技引进为特征的园区集成创新能力不断增强，东部园区的表现最为出色，科技引进水平高于中、西部园区；③以科技推广为特征的园区成果辐射能力相对于2013年整体均有所提高，但仍有较大提升空间，且东部园区科技推广水平优于中、西部园区。

分项评价三——创新绩效方面，创新绩效反映的是国家农业科技园区通过创新活动所取得的经济效益与社会效益，体现国家农业科技园区的建设以促进社会经济发展为根本。本报告结合园区企业技术性收入以及生产资料类产品销售收入占企业总产值的比例、一二三产业融合度、年度孵化毕业新增企业数、品牌建设、土地产出率和劳动生产率等指标对106个园区的创新绩效指数进行了核算，并对部分指标进行了纵向对比分析，从而得到以下研究结论：①多数园区的消费性农产品生产有较大发展，产业带动能力没有太大发展，略有滞后；②从产业结构上看，园区总产值发展很快，二三产业的产值比重进一步增加，产业结构不断优化；③作为农业产业孵化器，园区企业培育成果增加，孵化作用持续加强；④园区拥有的品牌数量继续增加，品牌化运作有所加深，地理标识产品成为新亮点；⑤园区土地产出率、劳动生产率增长趋势明显，产业化经营不断深化。

从以上评价结果可以看出，尽管国家农业科技园区发展中仍然存在园区之间、地域之间创新能力差异较大、创新水平略显不足等问题，但较2013年相比，园区多方发展已经有所改善，整体发展呈现上升态势。展望未来，我们有理由相信国家农业科技园区将在推动农业科技进步、促进产业经济发展以及带动农民增收致富等方面起到更为重要的作用，为加速我国传统农业向现代农业转变开辟一条新的途径。

国家农业科技园区创新能力评价报告2015

国家农业科技园区

第一章

创新能力总体评价

2013年，根据中共中央、国务院《关于深化科技体制改革加强国家创新体系建设的意见》（中发〔2012〕6号，以下简称中央6号文件）关于"建立全国创新调查制度，加强国家创新体系建设监测评估"的要求，科技部下发了《关于做好建立国家创新调查制度相关工作的通知》（国科计〔2013〕64号），强调全面加快推进国家创新调查制度建设，分别从国家、区域、产业和企业等多层面进行创新能力监测和评价。国家农业科技园区作为国家重要的创新密集区，对其创新活动进行评价是国家创新调查制度的重要组成部分。同年，科技部农村技术开发中心研究并制定了国家农业科技园区创新能力评价指标体系，本报告以该指标体系为基础，是国家农业科技园区创新能力评价系列报告的延续性工作。

国家农业科技园区创新能力评价指标体系通过全面研究农业科技园区创新能力的构成要素，综合分析创新能力的支撑、投入和产出指标，构建了创新支撑、创新水平和创新绩效三个一级指标和十八个二级指标的创新能力评价指标体系（见附录）。

国家农业科技园区创新能力指数（以下简称"创新能力指数"），以国家农业科技园区创新能力评价指标体系为基础，按照计算模型，对十八个二级指标数据标准化后加权计算出三个一级指标分值：创新支撑指数、创新水平指数和创新绩效指数。三项一级指标分值相加得到创新能力指数分值。需要说明的是创新能力指数分值只有在园区之间或者时间序列比较时具有序数意义，不代表绝对意义上的创新能力，或者说单看一个分值没有任何意义。

本章是对106家国家农业科技园区的总体情况的评价，具体分析主要集中在创新能力指数和一级指标体系上，二级指标并不作为分析重点。同时，根据创新能力指数体现出来的数据类别特征和区域差异进行了相应的定量分析和定性评价。

一、国家农业科技园区创新能力总体发展情况

从106个国家农业科技园区的创新能力指数来看，2014年国家农业科技园区创新能力指数差异仍然较大，变异系数[①]为26.49%，但相对于2013年的园区创新能力变异系数为38.53%有所下降，这说明园区之间创新能力指数的差异有所缩小。同时，武汉、济宁、淮安、泉州、公主岭、西宁等园区在创新能力水平方面优势明显，成为国家农业科技园区创新发展的领跑者。

1.园区之间创新能力差异主要来源于区域内差异，武汉园区创新能力指数得分蝉联首位

2014年106个国家农业科技园区的创新能力指数的标准差为27.24，变异系数为26.49%，园区创新能力之间的差异仍然较大。同时，在剔除各园区自身规模差异对园区创新能力影响的基础上，利用修正的泰尔系数[②]对106个园区创新能力的差异进行分析。修正的泰尔系数能够反映园区单位面积上创新能力的差异，并表明是东中西区域间还是东中西区域内的园区创新能力差异更大，具体数值如表1-1所示。

表1-1 创新能力指数的变异系数和泰尔系数

	均值	标准差	变异系数	泰尔系数	组间差异	组内差异
创新能力	102.83	27.24	26.49%	0.5466	0.0061	0.5405

表1-1中的泰尔系数由组间差异和组内差异组成（两者加总得到泰尔系数），其中组内差异的数值为0.5405，远远大于组间差异的0.0061。这说明在考虑园区规模差异的情况下，东部38个园区、中部36个园区和西部32个园区在创新能力方面的

---

① 变异系数又称为离散系数，是用来衡量各观测值变异程度的一个指标。计算公式为：$CV=S/EI$，其中S为标准差，EI为均值。

② 泰尔系数，又称为泰尔熵标准，是作为衡量个人（体）之间或者地区间收入差距（或者称不平等度）的常用指标，具体计算公式见附录。

区域内部的差异远远大于区域之间的差异,即106家园区在创新能力上的差异主要来源于东中西区域内部的差异,这也表明区域环境因素并不是造成园区创新能力差异的关键因素,而各园区的内部管控和资源配置等自身因素是造成园区创新能力差异的主要因素。

在106个国家农业科技园区中,武汉、济宁、淮安、泉州、公主岭、西宁、泰安、白马、浦东、儋州的创新能力指数居前10位,代表了我国国家农业科技园区较高的创新能力水平。其中,武汉蝉联了创新能力排名的首位,武汉在加大创新投入和保证创新支撑的基础上或前提下,创新产出成果突出,自主创新能力和辐射带动能力不断提升,创新绩效持续改善。此外,济宁、西宁、泰安在2014年创新能力排名中仍居前10位,保持了较高水平的创新能力。

2.园区创新支撑不断加强,创新绩效表现出色,创新水平是制约园区创新能力提升的瓶颈

从分项指标指数来看,大多数园区创新能力指数得分主要来自于创新支撑和创新绩效,不同园区的同一分项指数比较起来,均存在明显的差异,如表1-2所示。

表1-2 创新能力分项指标的泰尔系数

	创新支撑指数	创新水平指数	创新绩效指数
均值	45.34	12.14	45.34
泰尔系数	0.5679	0.4539	0.5666
组间差异	0.0091	-0.0716	0.0045
组内差异	0.5588	0.5255	0.5621

(1)2014年各园区更加注重创新条件的改善,不断加强创新投入,创新支撑指数明显提高,成为创新能力增长的新动力。2014年的国家农业科技园区创新能力评价结果显示,创新支撑指数从2013年评价结果中分项指标分数最低的一项(15.72)大幅上升,达到45.34,与创新绩效指数持平,成为园区创新能力的重要组成要素,从而为园区创新能力的持续提升提供新的动力。在创新支撑指数方面,济宁、泉州、杨凌、许昌、公主岭、鹤壁、淮安、和林格尔、辉山和泰安园区居前10位。其中济宁

连续两年在创新支撑方面居前3位，而其创新能力指数排名从2013年的第三位上升到2014年的第二位，主要是由于创新支撑指数的快速提升，同时表明济宁园区在创新要素投入、创新条件建设以及创新环境改善方面具有较高的水平。

（2）2014年各园区创新水平指数相对较低，成为园区整体创新能力提升的重要瓶颈。2014年的国家农业科技园区创新能力评价结果显示，创新水平指数是三个分项指标中最低的一项。而创新水平的表现不佳，势必影响园区未来的创新绩效，成为制约园区创新能力持续提升的重要瓶颈。综合2013年和2014年的创新评价结果，同时考虑到创新过程自身的特征，认为2014年园区创新水平不高主要原因包括三方面：首先，2013年园区的创新支撑指数较低，园区的创新投入和创新条件不佳，进而导致2014年的创新产出不高；其次，创新过程周期较长，创新产出具有一定的滞后性，从创新投入到创新产出通常需要较长的时间周期，因此，2014年较高的创新投入水平在短时间内无法转化为创新成果；最后，部分园区对于创新投入资源的配置方式和管理水平欠佳，创新资源的利用效率不高。因此，各园区应该通过产学研结合加快创新投入的成果转化过程，通过完善内部管控机制提高创新投入资源的利用效率。

（3）2014年各园区创新绩效保持了较高水平，创新能力的提高仍然以创新绩效作为主要导向。2014年的国家农业科技园区创新能力评价结果显示，创新绩效指数对比2013年保持了较高的水平，并且仍然是园区创新能力的最重要组成部分。创新绩效的园区排名方面，济宁、泉州、石河子、望城、武汉、辉山、定西、和林格尔、岳阳和仙桃居前10位。其中济宁园区的创新绩效由2013年的第三位跃居第一位，这说明其在改善创新支撑和创新条件的同时，在产业结构调整、产业培育、产出水平等方面具有较高水平，实现了较高的投入产出绩效，呈现出创新过程不断优化的特征。此外，创新绩效排名前5位的园区中，济宁、泉州和武汉的创新能力排名也居前5位，这表明园区创新能力的提高仍然以创新绩效作为重要导向。

（4）创新支撑、创新水平和创新绩效三个分项指标的园区差异性较大，并且差异主要源于东中西各区域内的园区差异。表1-2中创新支撑、创新水平和创新绩效三个分项指标的泰尔系数分别为0.5679、0.4539和0.5666，这说明各园区的三个指标数据存在较大的差异性，同时三个指标的组内差异分别为0.5588、0.5255和0.5621，这说明园区在创新支撑、创新水平和创新绩效三个指标上的差异更多是由于区域内或者园区内部因素造成,同时也表明区位因素虽在创新能力中具有一定影响作用,但并不是影响国家农业科技园区创新能力分项指标的最关键因素。

3.各园区创新能力指数在结构上差异明显,创新支撑对创新能力提升贡献较大

以国家农业科技园区创新能力指数最高的3个园区(武汉、济宁、淮安)为例,虽然创新能力指数都很高,但是发展的均衡程度却各不相同。对武汉、武威、济宁和全国园区平均创新能力指数结构差异进行比较,2014年,武汉园区的创新能力主要来自其极高的创新水平,济宁园区的创新能力主要来自其极高的创新支撑和创新绩效,而淮安园区则是三项指标比较平均,都处于较高的水平。此外,相对于2013年,大部分园区的创新支撑条件有所加强,对于2014年园区创新能力的提升贡献相对明显。

4.园区的创新能力指数和分项指标均有增长,创新绩效增加幅度最大

以2013年作为基期(设定其创新能力指数为100),依据2014年和2013年创新能力指数的各项指标数据,在求出2014年创新能力指数的各项指标相对2013年比值的基础上,通过等权重加权求和得到2014年的相对创新能力指数为131,增幅为31%。而计算出的创新支撑、创新水平和创新绩效相对指数分别为131、120和134,增幅分别为31%、20%和34%,具体如表1-3所示。

表1-3 2014年国家农业科技园区创新能力相对指数及变化

	创新能力	创新支撑	创新水平	创新绩效
基期指数(2013年)	100	100	100	100
2014年相对指数	131	131	120	134
相对增长幅度(%)	31	31	20	34

表1-3的数据表明,2014年国家农业科技园区的整体创新能力和创新分项指标相对2013年均有明显提升,反映了2014年国家农业科技园区创新能力整体建设情况良好,保持了稳定的增长势头。创新能力分项指标中增幅最大的为园区创新绩效,成为国家农业科技园区能力提高的重要支柱。

二、国家农业科技园区创新能力聚类分析

根据2014年国家农业科技园区创新能力指数测算结果,采用K值聚类分析法,将全国106个国家级农业科技园区创新能力划分为创新引领、创新示范、创新稳健和创新起步四类,各类国家农业科技园区创新能力指数和分项指标如表1-4所示。

表1-4 2014年国家农业科技园区创新能力分类

分类	园区名称	创新能力	创新支撑	创新水平	创新绩效
创新引领区(13)	武汉、济宁、淮安、泉州、公主岭、西宁、泰安、白马、浦东、儋州、杨凌、即墨、湄潭	151.89	59.92	39.22	52.75
创新示范区(32)	许昌、和林格尔、辉山、南昌、邯郸、南阳、望城、忠县、广州、常熟、宿州、鹤壁、濮阳、红河、定西、仙桃、潜江、漳州、岳阳、武威、芜湖、石河子、永州、渭南、天水、寿光、滨州、东营、阿拉尔、昌平、铁岭、嘉兴	116.51	50.24	13.58	52.68
创新稳健区(23)	烟台、滨海、衡阳、金华、湖州、璧山、井冈山、建三江、五家渠、海东、晋中、唐山、三亚、雅安、百色、铜陵、乐山、湛江、松原、贵阳、榆林、顺义、荆州	96.88	48.08	4.6	44.2
创新起步区(38)	楚雄、通化、乌鲁木齐、宁德、大庆、安庆、石嘴山、蚌埠、上饶、运城、盐城、旅顺、固原、金州、新余、三河、延边、赤峰、湘潭、合肥、吕梁、广安、吴忠、石林、哈尔滨、黑河、毕节、北海、拉萨、日喀则、慈溪、阜新、黔西南、银川、桂林、津南、和田、伊犁	78.12	34.58	6.23	37.31

1. 第Ⅰ类园区(创新引领区13个)

该类园区包括武汉、济宁、淮安、泉州、公主岭、西宁、泰安、白马、浦东、儋州、杨凌、即墨、湄潭13个园区,代表了106个国家农业科技园区创新能力的最高水平,属于国家农业科技园区创新能力先试先行的地区。2014年创新引领区的创新能力指数平均得分为151.89分,其中创新支撑最高,为59.92分。这些园区分别代表了全国中、西、东部农业园区创新发展的领先水平。该类园区的总体创新能力指数明显高

于其他园区，创新水平指数均居前13位。这些园区的特点是：科技成果转化率较高，新品种、新产品、新技术、新设施等集成示范力度较大，科技成果转化和企业孵化能力强。武汉园区最具典型，其技术引进、推广以及自主创新方面均处于全国前列，成为全国农业科技园区创新发展的样板。从总体创新能力指数的结构来看，13个创新引领园区的创新能力偏向于创新绩效指数，创新水平差异较大，而创新支撑仍有提升空间。

2. 第 II 类园区（创新示范区32个）

该类园区包括许昌、和林格尔、辉山、南昌、邯郸、南阳、望城、忠县、广州、常熟、宿州、鹤壁、濮阳、红河、定西、仙桃、潜江、漳州、岳阳、武威、芜湖、石河子、永州、渭南、天水、寿光、滨州、东营、阿拉尔、昌平、铁岭、嘉兴32个园区，代表了国家农业科技园区的较高水平，属于国家农业科技园区创新能力重点推进示范园区。其创新能力指数平均得分为116.51分，其中创新绩效最高，为52.68分，园区之间发展水平差别不大。该类园区创新水平略低，差距相对较大。科技成果应用转化及自主创新水平仍处于中低水平。从创新能力指数结构看，主要依赖创新支撑和创新绩效，但其中创新支撑与创新绩效相比创新引领区差距较小，特别是创新绩效与创新引领区基本持平，但创新水平较创新引领区差距较大。其中许昌、鹤壁、和林格尔、辉山的创新支撑指标位于全国前10位，而对比创新绩效指标发现，石河子、望城、辉山、定西、和林格尔、岳阳、仙桃皆位于全国前10位，仅次于济宁和泉州，具有很强的发展潜力。

3. 第 III 类园区（创新稳健区23个）

该类园区包括烟台、滨海、衡阳、金华、湖州、璧山、井冈山、建三江、五家渠、海东、晋中、唐山、三亚、雅安、百色、铜陵、乐山、湛江、松原、贵阳、榆林、顺义、荆州23个园区，占21.69%，其中9个属于东部地区，7个属于中部地区，7个属于西部地区。该类园区的创新绩效、创新支撑是影响创新能力指数的主要因素，创新支撑条件有一定基础，与创新示范区基本相当，但创新水平仍处于发展阶段，同时创新绩效较创新示范区也有一定差距。该类园区成果转化与集成示范能力相对较低，农业科技企业的孵化、新业态的培育等是当前创新工作推进的重点。与第一、二类园区相比,创新水平不高,创新绩效对于创新能力影响相对较大。

4. 第Ⅳ类园区(创新起步区38个)

该类园区包括楚雄、通化、乌鲁木齐、宁德、大庆、安庆、石嘴山、蚌埠、上饶、运城、盐城、旅顺、固原、金州、新余、三河、延边、赤峰、湘潭、合肥、吕梁、广安、吴忠、石林、哈尔滨、黑河、毕节、北海、拉萨、日喀则、慈溪、阜新、黔西南、银川、桂林、津南、和田、伊犁38个园区,平均得分为78.12,其中16个属于中部地区,12个属于西部地区,10个属于东部地区。该类园区创新能力一般,创新绩效、创新支撑方面无太多建设亮点。该类园区除了创新水平平均值外,大部分园区三个分项指标均低于前三类园区。2014年创新起步区创新绩效平均得分为37.31分,创新支撑平均得分为34.58分,低于园区平均水平。其次是在创新水平上各园区之间差别较大,在38个园区中,有12个园区的创新水平高于园区平均值,分别是楚雄、通化、乌鲁木齐、宁德、大庆、安庆、石嘴山、蚌埠、上饶、运城、盐城以及旅顺,说明这些园区在创新水平上有一定的基础,但相对于前三类园区创新支撑不足,因此应该加强园区的硬件建设以及对于科研的投入。此外,楚雄、大庆、吕梁、金州、盐城、安庆、上饶这些园区的创新绩效排名较高,但大多创新水平较低。

5. 四类园区的创新能力指数结构差异较大,创新引领区的创新水平明显领先其他园区

从创新能力指数结构来看,四类园区创新能力建设均主要依靠创新绩效和创新支撑带动。其中第一类园区创新支撑最高,其他三类园区创新支撑次之。从差异来看,园区间创新水平差别最大,其中创新引领区的创新水平明显领先,而四类园区间的创新绩效差别较小。具体如图1-1所示。

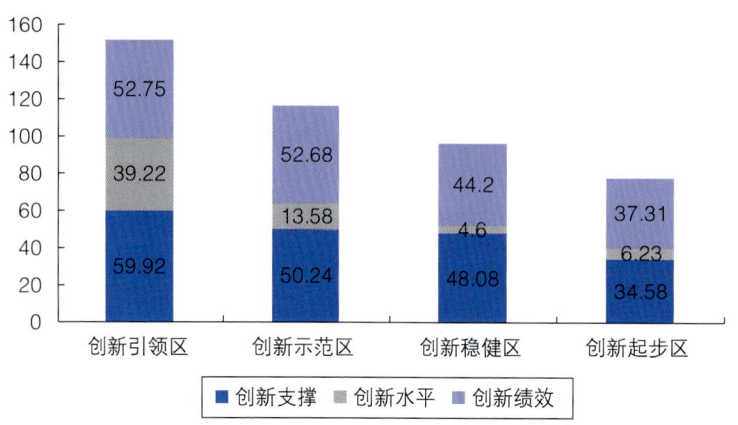

图1-1 2014年四类园区的创新能力指数结构

从聚类分析可以看出，处于创新引领区的武汉、济宁、淮安、泉州、公主岭、西宁、泰安、白马、浦东、儋州、杨凌、即墨以及湄潭园区的创新支撑、创新水平与创新绩效代表了国家农业科技园区创新发展一流水平，是园区后续科学发展、可持续发展的标杆与排头兵；结合处于创新示范区的许昌等园区，以及处于创新稳健区的烟台等园区，形成含68个园区的中上游发展群体，是园区推动区域农业结构调整和产业升级的中流砥柱与中坚力量。

6.创新引领区和创新示范区的数量明显增加，园区的创新能力建设趋于平衡

从分类结果上看，创新引领区由2013年的3个增加到了13个，增幅明显且各园区间的差异不大，其中创新支撑和创新绩效更加均衡，同时创新水平的均值达到了39分的高得分，说明各园区的创新能力得到了提升。同时各园区在创新建设上也更加注重整体的平衡性，创新示范区的个数较2013年增长1倍以上，且除了创新水平方面相对创新引领区较低外，创新支撑和创新绩效均与创新引领区相差不大，说明园区在积极地寻找不足，提升自身的创新能力，从而努力追赶创新引领区，同时也可以看出园区在创新能力方面的提升。四类国家农业科技园区的区域分布状况如图1-2所示。

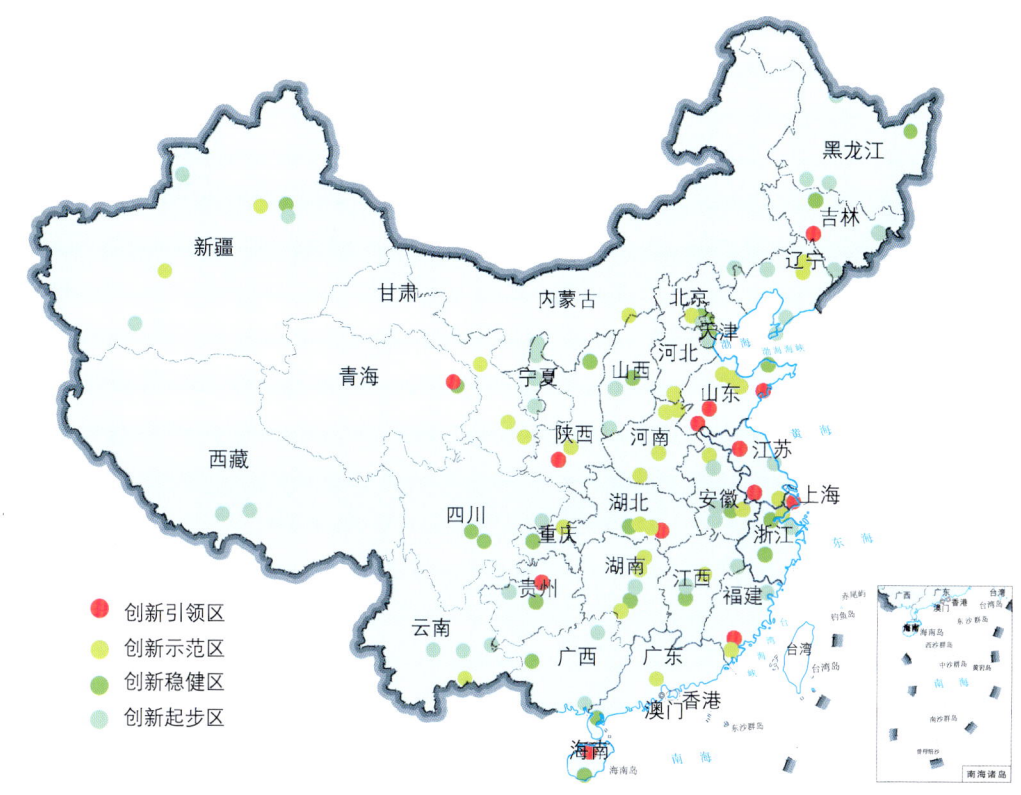

图1-2 四类国家农业科技园区的区域分布

三、国家农业科技园区创新能力区域差异分析

1.东部园区的创新能力指数略高于中部园区，创新能力从创新绩效带动发展成为创新支撑和创新绩效双轮驱动模式

按地域划分，106个园区中，东部地区38个，占35.85%；中部地区36个，占33.96%；西部地区32个，占30.19%，园区布局比较均衡。根据评价结果，三大地区的园区创新能力指数以及三个分项指标的平均得分见表1-5所示。

表1-5 2014年各区域园区创新能力指数和分项指标得分

	总指数	创新支撑	创新水平	创新绩效
东部	108.19	48.42	13.84	45.94
中部	106.02	45.66	12.13	48.22
西部	93.59	41.68	10.19	41.72

由表1-5可知，2014年106个园区中，东部地区的园区创新能力指数最高，为108.19，略高于中部地区。在结构上，主要表现为东部园区的创新支撑指数与创新水平指数高于中部地区和西部地区，其创新绩效指数得分为45.94，低于中部地区的48.22，但创新能力指数依然排名第一。而西部地区无论是创新能力指数还是三个分项指标，均比东、中部地区低。

从结构来看，相对于2013年各地区的创新能力指数主要由创新绩效带动，创新支撑略显不足，创新水平明显滞后的结构特征，2014年的创新能力指数演变为由创新支撑和创新绩效共同带动，即发展成为双轮驱动模式，但是创新水平指数仍然明显不足。

2.一类园区的区域分布差异明显，东部园区在一类园区的数量上优势明显，中部地区拥有的二类园区最多

从一类和二类园区在东、中和西部区域的分布状况来看，13个一类园区（创新引领区）有8个在东部地区，2个在中部地区，3个在西部地区。同时，32个二类园区（创新示范区）有11个在东部地区，13个在中部地区，8个在西部地区。由此可知，东部地区拥有一类（创新引领区）和二类（创新示范区）园区共计19个，中部地区拥有一类（创新引领区）和二类（创新示范区）园区共计15个，西部地区拥有一类（创新引领区）和二类（创新示范区）园区共计11个，具体如表1-6所示。

表1-6 2014年一类和二类园区的区域分布对比

	创新引领区	创新示范区	合计
东部	8	11	19
中部	2	13	15
西部	3	8	11

由表1-6可知，东部地区拥有的一类园区（创新引领区）最多，并且其数量明显高于中部和西部地区，这说明创新能力最强的国家农业科技园区主要分布在东部地区。而二类园区（创新示范区）的区域分布差异不大，其中中部地区拥有的二类园区最多，这说明中部地区拥有大量的创新能力较好的国家农业科技园区。同时，东

部地区的一类和二类园区的总数最多,这说明东部地区在园区创新建设方面整体表现较好。

四、国家农业科技园区总体创新效率分析

通过对园区的创新技术效率分析,能够了解国家农业科技园区对创新投入资源的使用、配置和管理情况。利用数据包络分析(DEA)中的BCC模型,以投入为导向,同时考虑创新过程的滞后性,选择2013年的年度R&D投入总额、园区研发人员数、园区大型仪器设备原值总额和园区拥有研发中心数作为创新投入指标,选择2014年的授权发明专利数,引进的植物和畜禽水产新品种数,引进的新技术、新产品和新设施数,推广的植物和畜禽水产新品种数以及推广的新技术、新产品和新设施数为创新产出指标,进行园区的创新技术效率分析。效率测算结果表明,全国共有20个园区具有创新技术效率,即技术效率值为1(即100%)的园区(其他园区的技术效率值均小于1),具体如表1-7所示。

表1-7　2014年具有创新技术效率的园区分布

区域	园区名称
东部园区(7个)	浦东、淮安、济宁、滨州、北海、儋州、即墨
中部园区(5个)	公主岭、铜陵、新余、许昌、荆州
西部园区(8个)	忠县、贵阳、黔西南、红河、石林、杨凌、石嘴山、和田

从表1-7可以看出,东部、中部和西部均有具备创新技术效率的园区,且园区数量相差不大,这也说明区域环境因素并不是影响国家农业科技园区创新技术效率的关键因素。同时,这些具备创新技术效率的园区在创新投入资源的配置和管理上是最有效的,充分利用其投入资源实现了创新产出的最大化。而对于创新技术效率不足的园区,需要完善园区的法人治理机构,减少创新的冗余投入,优化创新资源的配置,依托农业院校和科研机构,积极搭建农业关键技术的研发合作平台和集成创新平台,加快农业科技成果的扩散。根据测算的园区创新技术效率值,全国106个农业科技园区的创新技术效率均值为0.3784,而东部、中部和西部园区的创新技术效率均值如

图1-3所示。

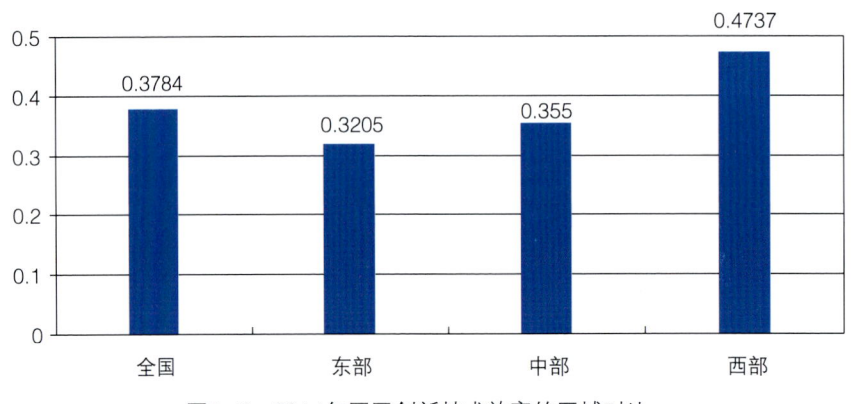

图1-3 2014年园区创新技术效率的区域对比

五、小结

本章采用国家农业科技园区创新能力指数对园区创新能力进行总体评价，得到以下结论：

（1）园区之间创新能力差异主要来源于区域内差异，武汉园区创新能力指数得分蝉联首位。

（2）园区创新支撑不断加强，创新绩效表现出色，创新水平是制约园区创新能力提升的瓶颈。

（3）各园区创新能力指数在结构上差异明显，创新支撑对创新能力提升贡献较大。

（4）园区的创新能力指数和分项指标较2013年均有增长，创新绩效增加幅度最大。

从结构来看，相对于2013年各园区的创新能力指数主要由创新绩效带动，创新支撑略显不足，创新水平明显滞后的结构特征，2014年的创新能力指数演变为由创新支撑和创新绩效共同带动，创新水平明显不足的指数特征。

从创新效率来看，引入数据包络分析（DEA）中的BCC模型分析得出，东部、中部和西部均有具备创新技术效率的园区，且园区数量相差不大，这也说明区域环境因素并不是影响国家农业科技园区创新技术效率的关键因素。同时，这些具备创新技术效率的园区在创新投入资源的配置和管理上是最有效的，充分利用其投入资源实现了创新产出的最大化。

此外，本章采用K值聚类分析法，将全国106个国家级农业科技园区创新能力划分为创新引领区、创新示范区、创新稳健区、创新起步区4类，并认为处于创新引领区、创新示范区、创新稳健区的68个中上游园区，是园区推动区域农业结构调整和产业升级的中坚力量。同时，四类园区的创新能力指数结构差异较大，创新引领区的创新水平明显领先其他园区。而创新引领区和创新示范区的数量相对于2013年明显增加，园区的创新建设趋于平衡的发展态势。

国家农业科技园区创新能力评价报告2015

第二章

国家农业科技园区创新能力分项评价

——创新支撑评价

创新支撑即创新条件，是反映国家农业科技园区创新资源的汇集和政策支持力度的重要指标，其指标的高低显示了园区在创新过程中的基础及引领作用，同时也反映了各园区在人才、融资、渠道、政策方面的积累水平，特别是在当今科技创新支撑引领社会经济发展的大背景下，创新支撑的水平高低将直接影响园区的创新产出甚至是园区的发展，因此其评价的指标也至关重要。为了合理地进行评价以及指导农业园区的发展，在指标设计上既要考虑全面合理又要做到利于执行，因此创新支撑主要从科技人员、研发经费、投融资强度、仪器设备、研发中心、信息化和扶持政策七个方面进行衡量。

一、国家农业科技园区人才队伍建设分析

科技的创新主要是技术的创新，而其中最主要的是人才的创新。因此各园区在实施人才战略方面积极引进和汇聚科技人才，2014年各园区在保持2013年原有的庞大的科技特派员数量基础上，积极引进法人科技特派员以及科技特派团，特别是法人科技特派员的数量增长明显，充分显示出各园区在创新方面更加务实。同时，科技特派团的数量略有下降，体现出园区更加注重人员的质量与结构。

1.科技特派员继续保持较高数量，注重法人科技特派员建设，园区人才引进更加务实

科技特派员是国家农业科技园区的创新主力军，在科技成果转化中发挥了重要作用，显著提升了园区农业科技创业能力和水平。截至2014年，科技特派员项目直接参与农户数29.9万户、安置劳动力就业数22.5万人。其中，西部地区更加注重法人科技

特派员，东、中部地区在团队建设上工作突出。

（1）2014年个人科技特派员数量与2013年基本持平，略有下降，其中东部数量突出。目前近86%的园区已开展了科技特派员创新创业行动。截至2014年底，106个园区个人科技特派员总数达6724人，平均每个园区63.4人。排名前20位的园区如图2-1所示。

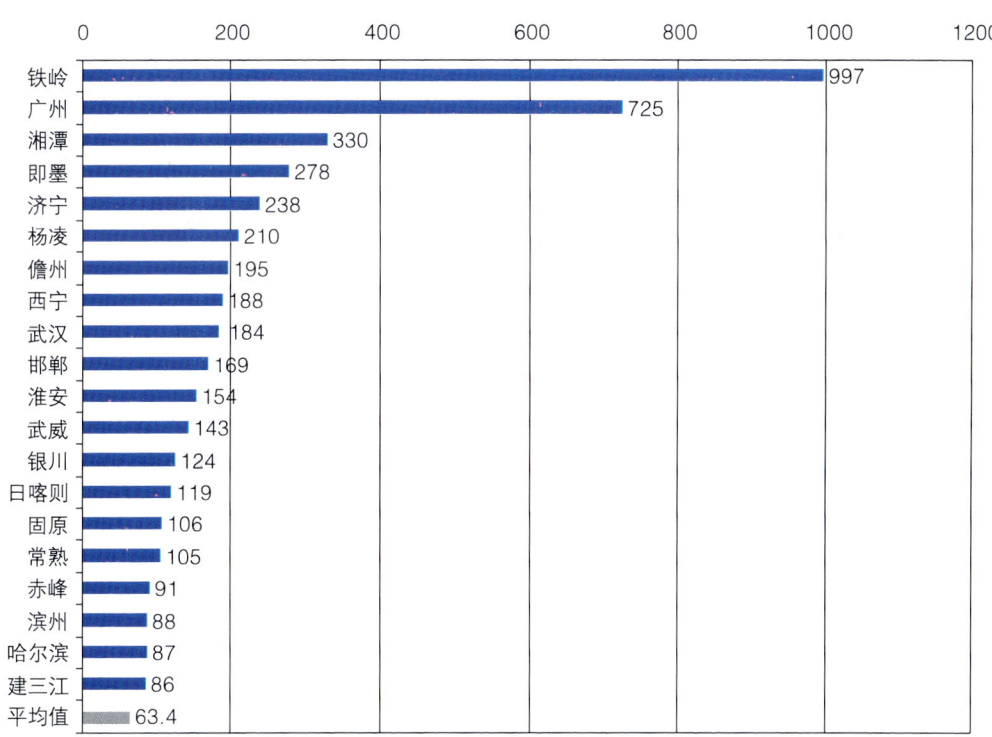

图2-1　2014年园区个人科技特派员前20名（单位：人）

从图2-1中可以看出，排名前20位的园区个人科技特派员数量均高于全国平均值，其中铁岭、广州、湘潭、即墨、济宁园区的个人科技特派员人数位于全国前5位，分别为997、725、330、278、238人，其中铁岭和广州的人数显著高于其他园区。

区域对比方面，2014年的东部（38个园区）、中部（36个园区）和西部（32个园区）各园区的个人科技特派员平均数如表2-1所示。

表2-1　2013年和2014年的园区个人科技特派员

（单位：人）

	2013年个人科技特派员	2014年个人科技特派员
全国	64.7	63.4
东部	96.4	96.6
中部	34.4	38.2
西部	61	52.4

相对于2013年，2014年106个园区个人科技特派员平均数为63.4人，而2013年均值为64.7人，数量没有明显变化。同时可以看出，东部园区明显高于中部和西部，且连续两年都是如此，其中中部相对2013年略有增长，西部下降较快，但是总体与2013年基本持平，如图2-2所示。

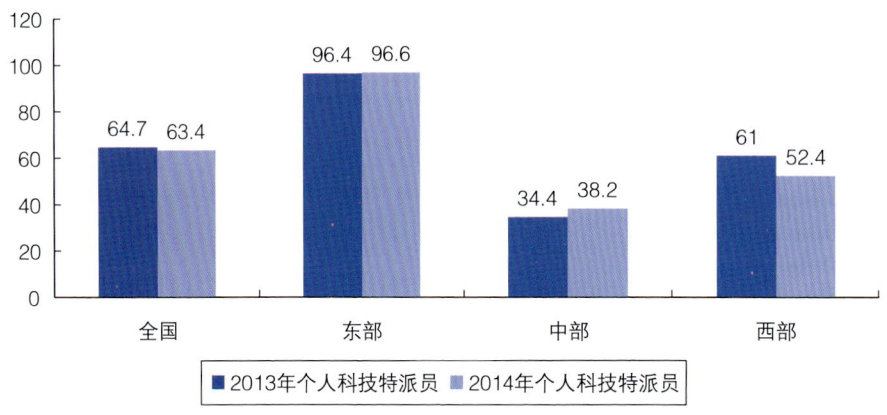

图2-2　2013年和2014年园区个人科技特派员（单位：人）

（2）2014年法人科技特派员数量增长明显，西部数量突出，东部增幅明显。超过2/3的园区已经引进了法人科技特派员。截至2014年底，106个园区的法人科技特派员达到809人，平均每个园区7.6人，法人科技特派员数量排名前20位的园区如图2-3所示。

从图2-3中可以看出，排名前20位的园区法人科技特派员数量均高于全国平均值，其中海东、淮安、湘潭、大庆、白马园区的法人科技特派员数量位于前5名，分别为195、120、55、35、33人，相对于其他园区，海东和淮安数量上尤其突出。

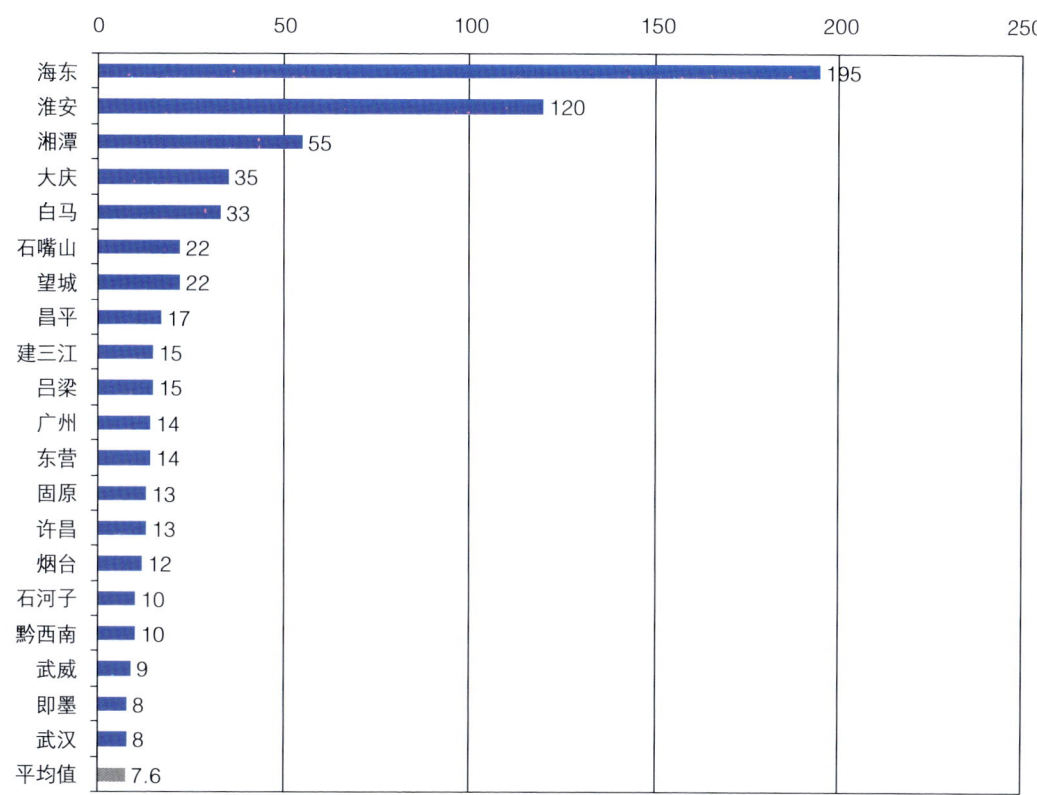

图2-3 2014年园区法人科技特派员前20名（单位：人）

区域对比方面，2014年的东部（38个园区）、中部（36个园区）和西部（32个园区）各园区的法人科技特派员比2013年均有不同程度的增加，如表2-2所示。

表2-2 2013年和2014年的园区法人科技特派员

（单位：人）

	2013年法人科技特派员	2014年法人科技特派员
全国	6.1	7.6
东部	5.2	7.7
中部	4.6	6
西部	8.8	9.3

相对于2013年，2014年106个园区法人科技特派员平均数为7.6人，2013年均值为6.1人，增长幅度高达24.6%。区域对比方面，东部提高最为明显，高达48%，

中部增幅为32%，西部基本持平略有增加，但从数量上看西部仍然最高，如图2-4所示。

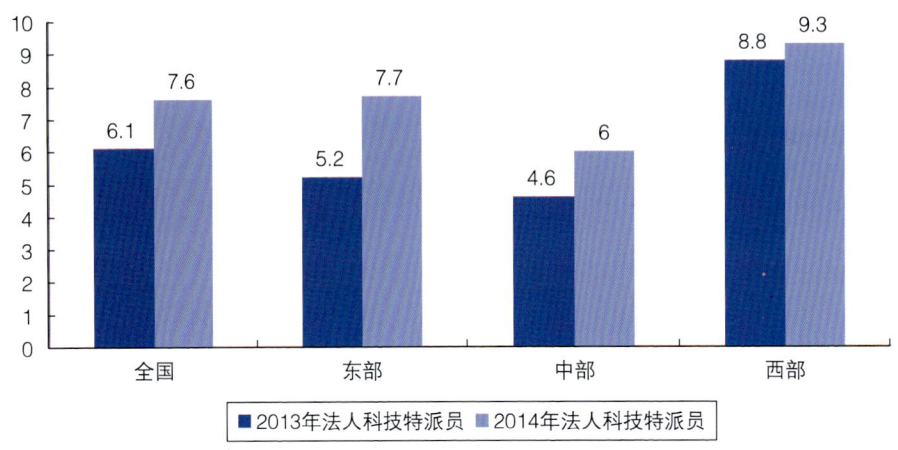

图2-4　2013年和2014年园区法人科技特派员（单位：人）

（3）2014年科技特派团数量降幅明显，东部和中部维持了较高水平。科技特派团的数量相对来说比个人特派员、法人特派员要少，仅42.45%的园区开展了科技特派团工作，主要原因是各园区更加注重实效和灵活的特派员机制。截至2014年，106个园区共引进科技特派团207个，平均每个园区1.95个，排名前20位的园区见图2-5。

从图2-5中可以看出，排名前20位的园区科技特派团数量均高于全国平均值，广州、武汉、芜湖、海东、淮安园区的科技特派团数量位于前5名，分别为31、24、12、9、8个，从排名上看，科技特派团较为集中，其中广州和武汉的数量远高于其他园区。

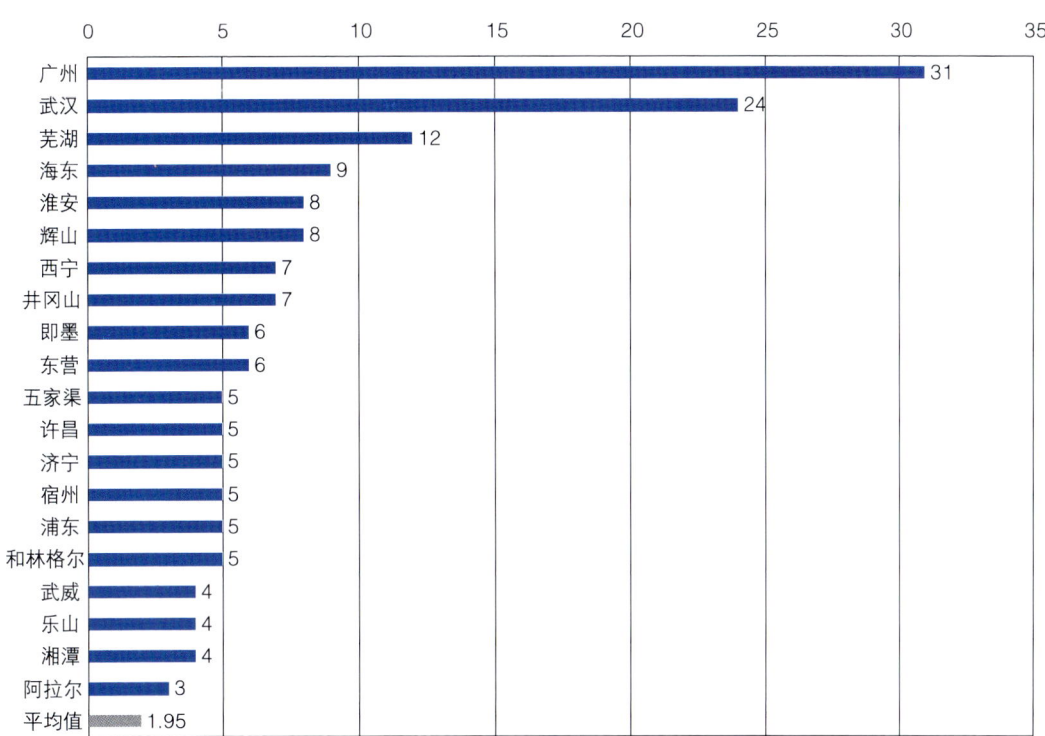

图2-5 2014年园区科技特派团前20名（单位：个）

区域对比方面，2014年的东部（38个园区）、中部（36个园区）和西部（32个园区）各园区的科技特派团平均数如表2-3所示。

表2-3 2013年和2014年的园区科技特派团

（单位：个）

	2013年科技特派团	2014年科技特派团
全国	2.87	1.95
东部	3.5	2.4
中部	3.1	2.1
西部	2	1.2

相对于2013年，2014年106个园区科技特派团平均数为1.95个，而2013年均值为2.87个，下降幅度较为明显，但其中东部和中部仍保持了较高的数量，如图2-6所示。特派团数量下降的主要原因为：一是各园区普遍加大了对个人科技特派员和法人

科技特派员的支持力度，二是个人特派员相比特派团更为灵活多变。

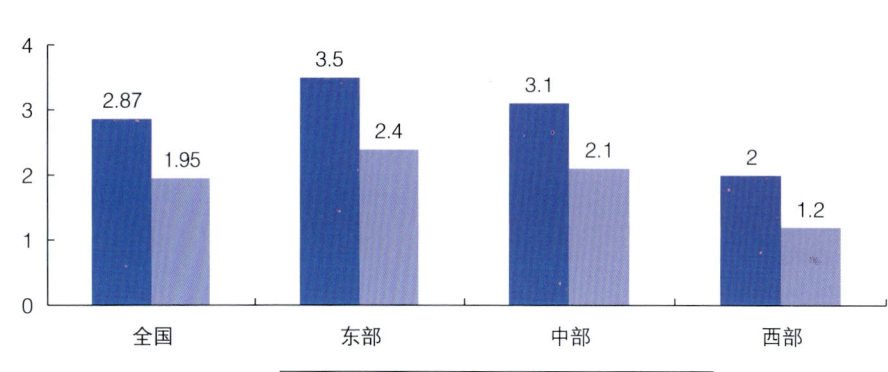

图2-6 2013年和2014年园区科技特派团（单位：个）

总体上看，2014年从科技特派人员数量方面对比2013年有所增加，其中特别是个人科技特派员和法人科技特派员增长明显，虽然科技特派团的数量下降较快，但是东部和中部仍然保持了一定的数量，因此园区在科技人员方面的投入保持了较高的水平，说明园区对于创新支撑的投入是非常务实和富有成效的。

2.研发人员数量高速增长，园区更加注重引入和吸纳高职称人才

园区研发队伍不断壮大，且增幅明显，在园区新技术、新产品等自主创新活动方面发挥了重要作用。截至2014年，106个园区共有研发人员60903人，平均每个园区574.6人，每百人研发人员拥有量约4人。排名前20位的园区见图2-7。

由图中可以看出，排名前20位的园区其研发人员数量均超过全国平均值，和林格尔、杨凌、济宁、辉山、武汉园区的研发力量位于全国前5名，分别为7013、5956、3424、3256、2937人。全国各园区研发人员中高级职称占36.95%，具有硕士学位及以上的占14.69%。

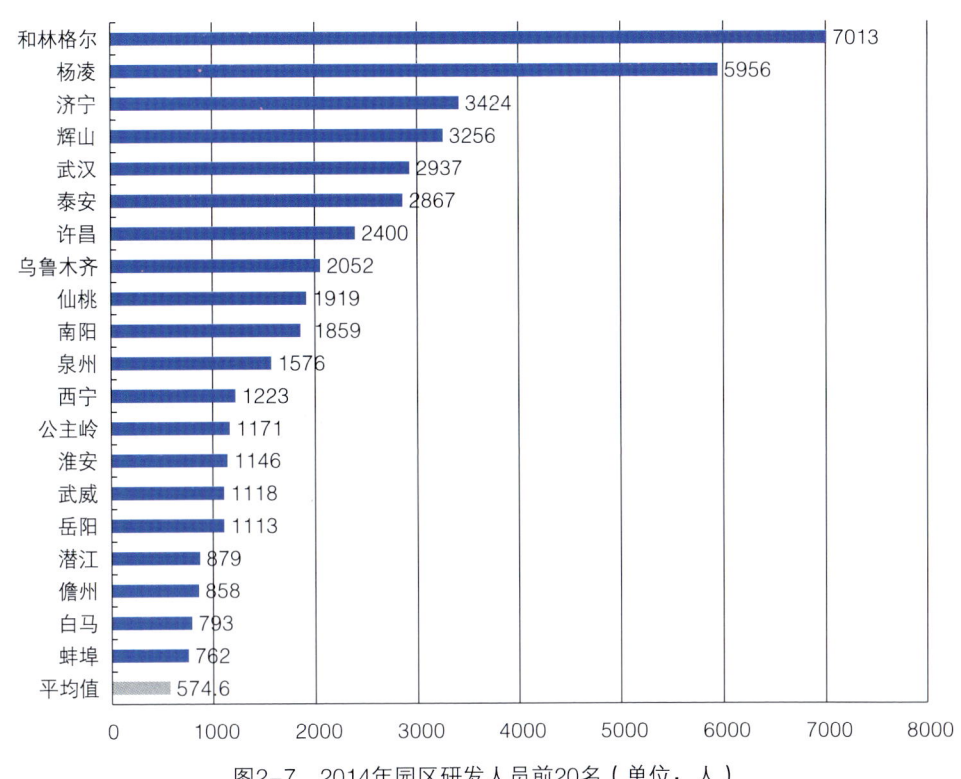

图2-7 2014年园区研发人员前20名（单位：人）

区域对比方面，2014年的东部（38个园区）、中部（36个园区）和西部（32个园区）各园区的研发人员数量如表2-4所示。

表2-4 2013年和2014年的园区研发人员数量

（单位：人）

	2013年研发人员数量	2014年研发人员数量
全国	331.5	574.6
东部	404.7	565.5
中部	378.5	696.4
西部	191.5	448.2

相对于2013年，2014年各园区研发人员数量有大幅提升，按地域划分，东、中部园区在研发人员数量上的表现优于西部园区，2014年东、中部园区拥有研发人员数量分别为21490人和25070人，园区平均研发人员数量为565人和696人，分别比西部园区平均水平多117人和248人，如图2-8所示。

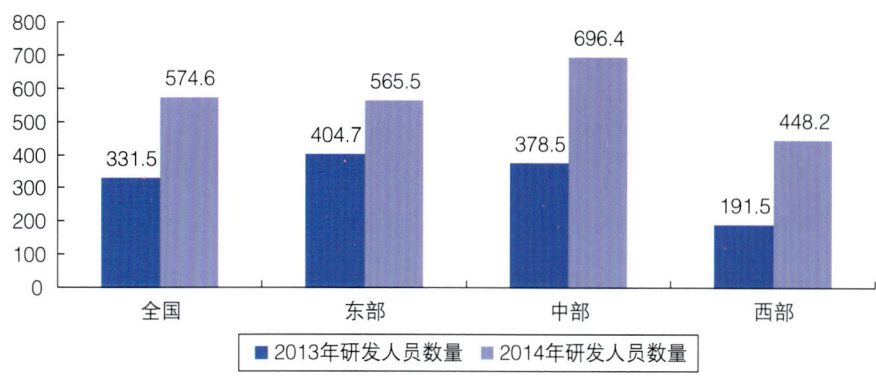

图2-8　2013年和2014年园区研发人员数量（单位：人）

总体上，2014年科技人员的投入对比2013年有所增加，特别是研发人员投入和法人科技特派员的投入增幅最大，如图2-9所示。

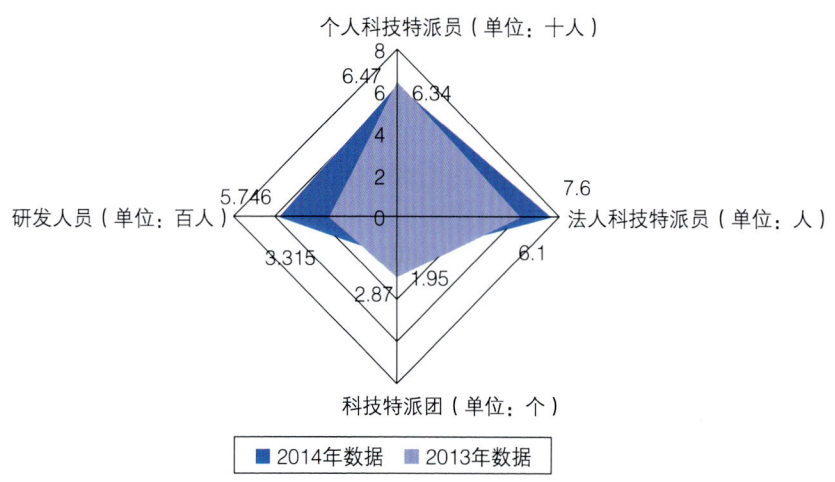

图2-9　2013年和2014年科技人员投入数据对比

二、国家农业科技园区创新平台建设

科研开发平台是科技创新活动的重要载体。近年来，园区注重科技创新与转化能力建设，已逐渐建成以企业为主体，国家、省、地市共建的研发创新平台体系，科技创新条件和创业服务能力大大提升。

1.园区各类研发平台建设情况良好,省部级研发中心数量大幅增加,比重有所上升

截至2014年底,106家园区共拥有各类研发中心1807家,相对于2013年大幅增加,并且拥有省部级研发中心的园区达到726家,数量较2013年增长趋势明显,且省部级研发中心占总数的比重为40%。90%以上的园区内企业拥有自己的研发机构,以企业为主体的研发创新体系基本形成并得到广泛认可。

研发中心总量排在前20名的园区中,武汉、济宁、泰安、儋州、即墨位于前5名;省部级以上研发中心数量最多的5家园区分别是:武汉、泰安、济宁、公主岭、儋州(如图2-10、图2-11所示)。

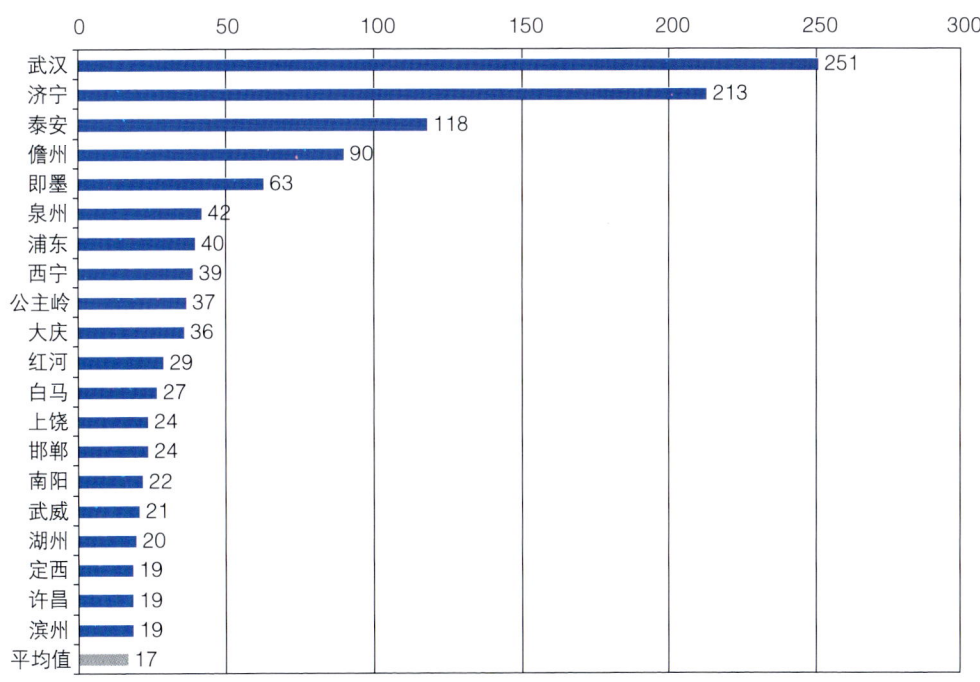

图2-10 2014年园区研发中心数量前20名(单位:个)

按地域划分,中部地区的园区研发中心数量最多,为635个,分别比东部、西部园区高55.26%、121.25%。中部园区在省部级以上研发中心数量占园区研发中心总数比例上的表现略优于东、西部园区,中部地区为48.19%,分别比东部、西部高4.18个、18.92个百分点。

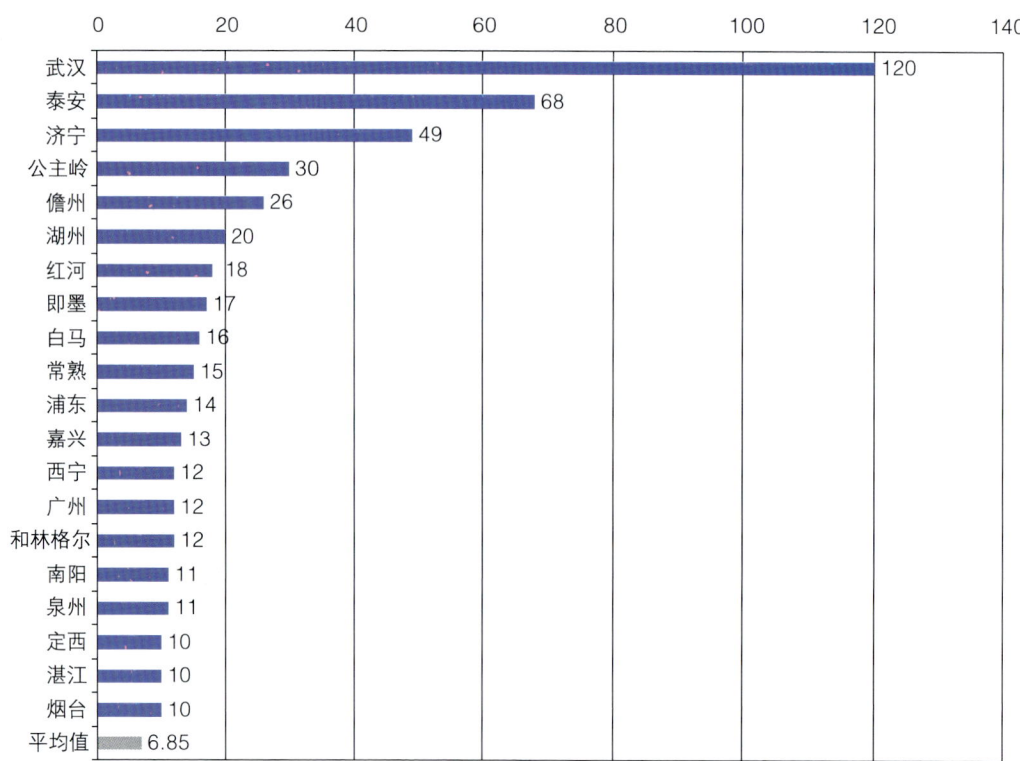

图2-11 2014年园区省部级以上研发中心数量前20名（单位：个）

区域对比方面，2014年的东部（38个园区）、中部（36个园区）和西部（32个园区）的省部级研发中心的占比如表2-5所示。

表2-5 2013年和2014年的园区省部级研发中心占比

（单位：%）

	2013年省部级研发中心占比	2014年省部级研发中心占比
全国	38	39
东部	39	44
中部	43	35
西部	32	37

对比2013年，省部级研发中心占比由38%提高到39%，提高了1个百分点，其中东部和西部增长明显，中部略有下降，整体呈增长趋势，因此省部级研发中心比例的提高说明园区在研发投入上更加注重质量。如图2-12所示。

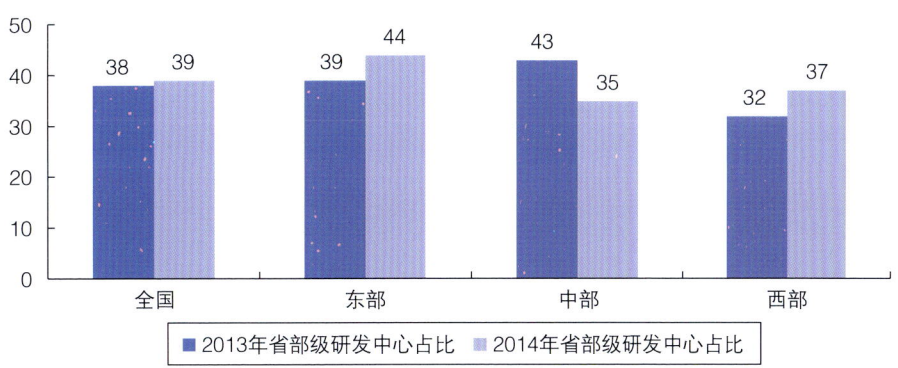

图2-12 2013年和2014年省部级研发中心比例（单位：%）

2.园区大型仪器设备的投入有所放缓，东部园区大型仪器设备原值总额最高

在大型仪器设备原值总额方面，园区试验仪器设备完善，77.35%的园区拥有大型仪器设备。106个园区大型仪器设备原值总额为18.18亿元，平均每个园区0.17亿元。其中，泉州、和林格尔、济宁、杨凌、儋州园区位于前5名（如图2-13所示）。

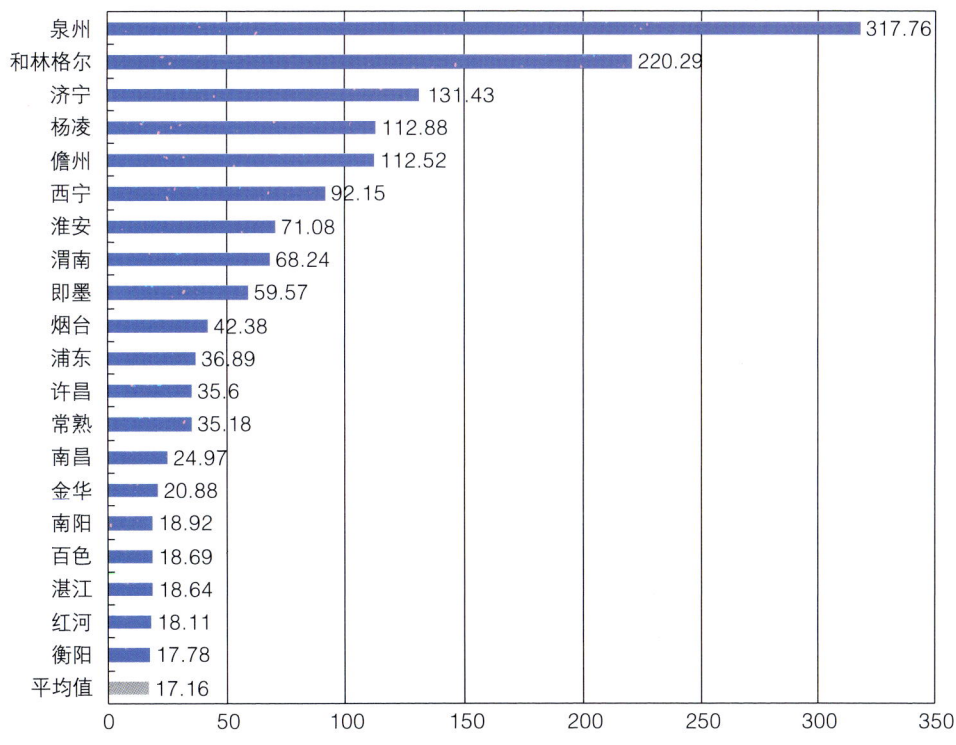

图2-13 2014年园区大型仪器设备原值总额前20名（单位：百万元）

按地域划分，东部园区大型仪器设备原值总额为9.97亿元，分别比中部、西部高1.30倍和1.56倍。

三、国家农业科技园区金融服务分析

在农业科技园区建设过程中，大多数园区为园区企业搭建了投融资平台，大幅度吸引了社会资金和"三资"，从而增加了园区的资金来源，初步形成了政府、企业、社会各界投资参与园区建设和技术引进的多元化投融资机制，为园区建设与发展注入了金融元素，用新的投融资机制建设园区的模式逐渐形成，大大加快了园区建设的步伐。

1.园区土地投融资强度大幅提升，但区域间差异较大

园区的建成加速了现代农业科技要素的聚集，促进了科技与金融的紧密结合。各地园区积极探索按照市场机制、企业化运行和产业化目标的建设模式，利用企业自有资金、政府补贴、金融融资等多渠道、多元化资金支持农业科技园区建设，通过国家科技政策引导和商业银行金融支持相结合，促进园区建设和发展。截至2014年底，106家国家农业科技园区累计融资总额1119.11亿元，其中企业投入占81%以上，社会投资已成为园区建设与发展的主导因素。2014年，106家园区单位土地面积投融资强度为47.03万元/公顷，其中荆州、松原、岳阳、济宁、唐山排名前5位（见图2-14）。

2014年的东部（38个园区）、中部（36个园区）和西部（32个园区）各园区的土地投融资强度如表2-6所示。

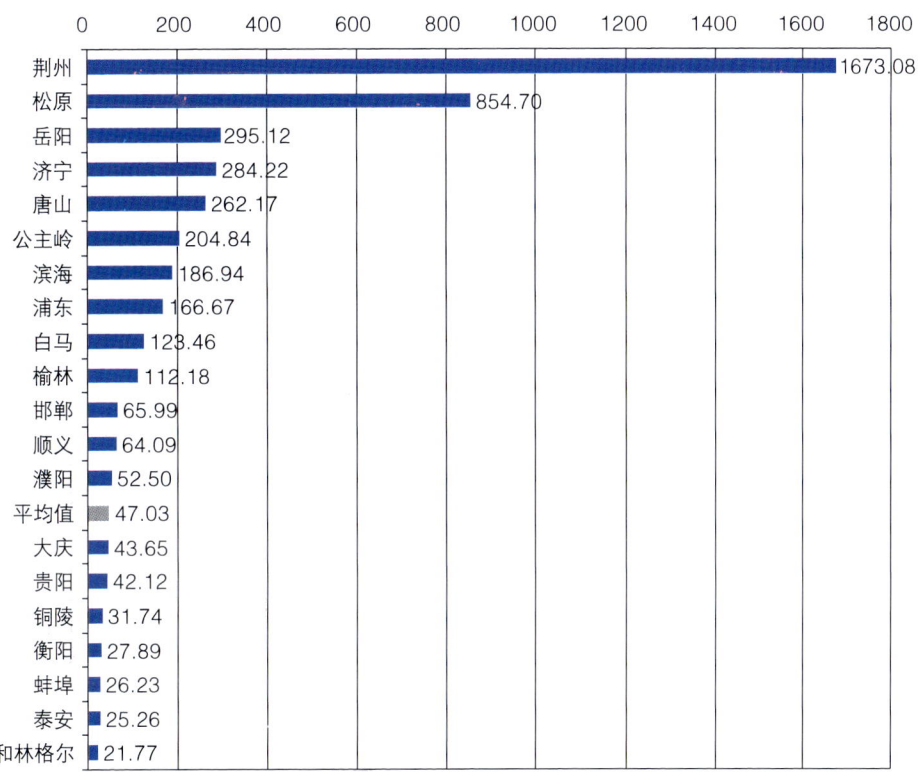

图2-14　2014年园区土地投融资强度前20名（单位：万元/公顷）

表2-6　2013年和2014年的园区土地投融资强度

（单位：万元/公顷）

	2013年土地投融资强度	2014年土地投融资强度
全国	33.42	47.46
东部	42.61	34.43
中部	29.31	94.48
西部	28.33	8.61

从区域的差异来看，中部地区园区的投融资强度最高，为94.48万元/公顷，东部为34.43万元/公顷，西部为8.61万元/公顷。2014年较2013年提高幅度明显，达到40.7%，但是区域之间差距明显，中部园区与西部园区相差十倍以上，造成新的发展不平衡，如图2-15所示。因此，就投融资而言，应制定优惠政策导向，有意识地向西部园区有所倾斜。

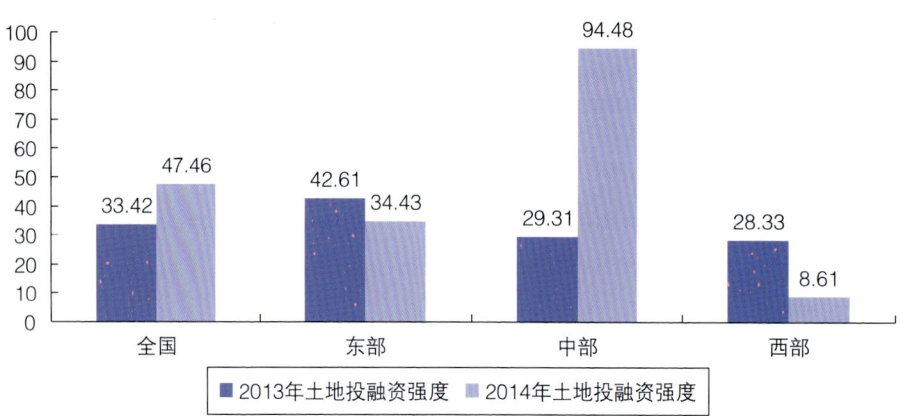

图2-15 2013年和2014年园区土地融资投资强度均值（单位：万元/公顷）

2.园区研发投入不断加大，投资规模稳步提升

2014年106家国家农业科技园区企业R&D投入力度不断加大。当年各类企业投入R&D经费总额91.45亿元，济宁、即墨、鹤壁、杨凌、邯郸园区企业研发经费投入位于全国前5名（如图2-16所示）。

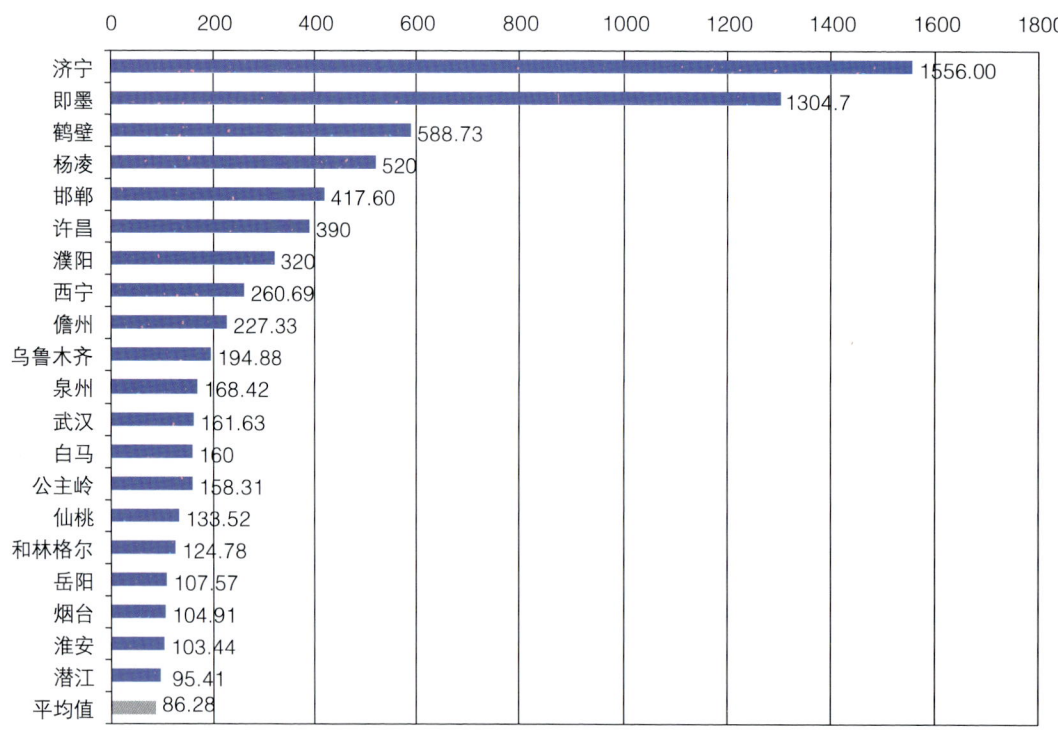

图2-16 2014年园区企业研发经费投入前20名（单位：百万元）

3.园区研发投入强度提升明显,但各区域差距较为显著

从投资强度来看,哈尔滨、滨州、拉萨、湖州、儋州园区列全国前5位,排名前20位的园区如图2-17所示。

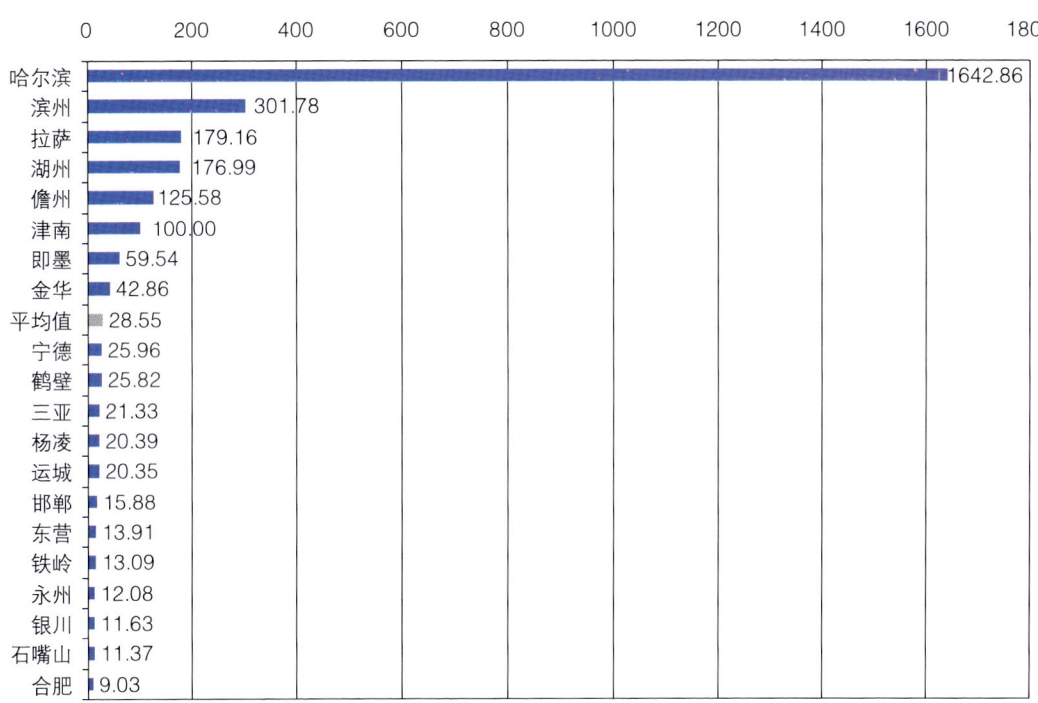

图2-17　2014年园区研发投入强度前20名(单位:%)

2014年的东部(38个园区)、中部(36个园区)和西部(32个园区)各园区的研发投入强度如表2-7所示。

表2-7　2013年和2014年园区研发投入强度

(单位:%)

	2013年研发投入强度	2014年研发投入强度
全国	2.59	28.55
东部	1.32	25.80
中部	3.62	48.80
西部	2.84	9.00

从区域比较来看，中部园区研发投入强度最高，为48.8%，东部次之，西部较低，说明各区域间的差距明显，特别是中部明显高于其他区域。从2014年与2013年的对比来看，各园区明显加大了研发的投入强度，2014年强度明显提高，而且从各区域的对比发现，无论是中部还是西部都比2013年有明显的提高，如图2-18所示。

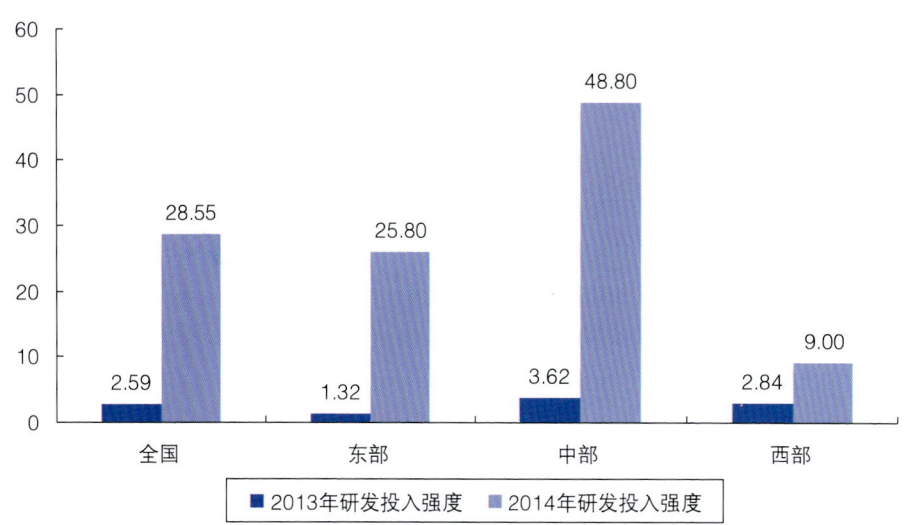

图2-18 2013年和2014年研发投入强度（单位：%）

四、国家农业科技园区信息化基础条件分析

经过多年的建设，我国农业科技园区基础设施明显改善，信息资源建设成效显现，信息技术初步应用，园区信息化基础设施明显改善，为园区创新能力建设提供了信息化支撑条件。

1.园区重视信息化基础设施建设投入，人均计算机拥有量较高

各园区管委会加大信息化投入力度，园区信息化基础设施明显改善。2014年，106家园区信息化投入资金达39384.2万元，平均每个园区信息化投入近371.5万元，其中濮阳、五家渠、许昌园区均超过2000万元，分别为21000万元、3000万元、2000万元。截至2014年底，每10人计算机拥有量8.69台（百人计算机拥有量86.9台），几乎实现了人均一台，这说明园区对于信息化工具的使用较为频繁，信息化基础设施及

应用水平明显提高。

2.信息技术应用日益广泛，应用手段不断更新，园区电子商务发展迅速

伴随着信息技术的快速发展，信息化、智能化技术在园区内得到广泛应用与推广。电子商务、移动通信、QQ群、微信群等新兴互联网平台的使用使得各园区在信息交互方面得到了极大的便利，而电商平台的搭建，如淘宝、天猫、京东等，又为农业园区的发展拓展了外部空间。已有的106家园区共搭建平台736个，平均每个园区达到了7个，90%以上的园区建立了自己的电商平台。

3.信息资源建设成效初显，信息共享机制逐步建立，信息来源和渠道不断丰富

大多数园区注重加强协同创新与共享交流机制，建立了面向全国科研机构、高等院校、园区建设单位及龙头企业的园区科技成果共享平台，包含科技成果数据库、专利数据库、新产品数据库、科技文献数据库等。其中，约75%的园区链接了相关专业网络中心，获取多种农业信息资源，为创新主体提供了公用信息化服务平台。

五、国家农业科技园区政策环境分析

2014年各园区在原有政策支持的基础上，在融资渠道、企业投资税收奖励、特色园区建设、土地等方面给予了很多的政策支持。如《关于印发宿州市现代农业四区联建实施方案的通知》中对于加快推进国家农业科技园区、国家现代农业示范区、国家农村改革试验区、智慧农业示范区统筹协调、协力推进方面给予了非常大的支持。而更多的园区则是在土地划拨、企业投资、税收奖励方面给予了支持。如《怀远县工业企业投资税收奖励（暂行）办法》中就针对不同的投资列出了详细的奖励机制。由此可见，2014年支持园区发展的政策趋于更加多样，政策环境更加宽松，政策支持力度不断提升。各园区支持政策数量排名前20位的园区见图2-19（实际为22家，永州、雅安、井冈山并列第20名）。

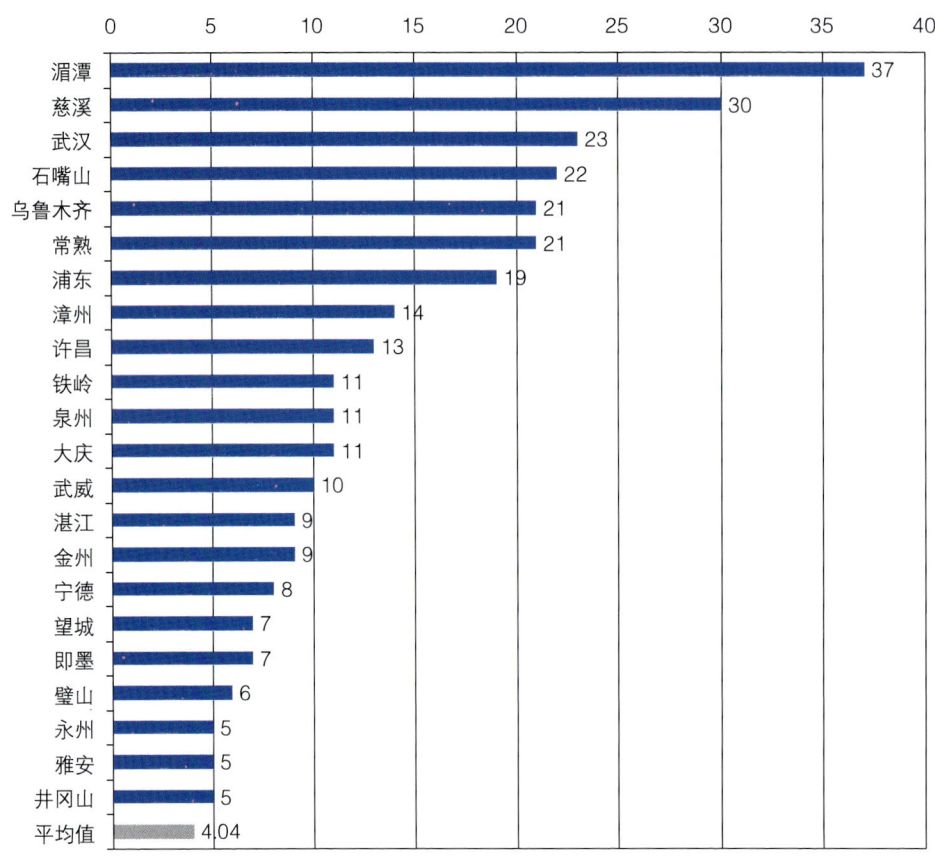

图2-19 2014年园区支持政策数量排名前20名（单位：个）

从图2-19可以看出，排名前20位的园区出台的政策数量均高于全国平均水平，其中全国平均值为4个。同时从各种政策奖励和支持内容上看，更多的园区在人才聚集以及投资拓展方面给予了非常大的支持。

六、小结

创新支撑是国家农业科技园区提升创新能力的必要基础和关键举措。本章结合科技人员、研发经费、投融资强度、仪器设备、研发中心、信息化、政策支持七个方面的指标，对106个园区的创新支撑指数进行了核算，并得出如下结论：

（1）园区人才队伍建设有较大的提升，法人科技特派员越来越受到园区的重视，个人科技特派员数量仍保持较高水平。

（2）园区研发经费投入稳步提升，但区域间差异较大，中部最高，应注意区域的平衡问题。

（3）各园区积极建设研发平台，特别是省部级研发中心数量增长明显。

（4）土地投融资强度提高明显，区域差异较大，研发投入强度提升明显，但各区域差距较为显著。

（5）信息化基础设施明显改善，各类信息技术平台不断涌现，各园区积极搭建电商平台，为园区发展注入信息化要素。

（6）政策支持力度加大，各园区分别在人才汇集、投资奖励以及税收方面给予了大力支持，保证了园区的稳步发展。

国家农业科技园区创新能力评价报告2015

国家农业科技园区 第三章

创新能力分项评价

——创新水平评价

创新水平反映的是各园区开展的创新活动以及取得的技术成果，其由园区投入的创新资源和经费在一定条件下转化而形成，并且通过市场经营、推广和转化形成园区的创新绩效，是反映国家农业科技园区创新过程质量的重要指标。评价报告涉及的创新水平指标主要包括：开展研发项目取得的专利成果、引进示范及取得的成果（引进和推广的新品种、新品系、新技术、新产品和新设施等）。在评价中分为三个指标，分别是授权发明专利数、科技引进、科技推广。

一、国家农业科技园区创新成果分析

本评价采用授权发明专利数作为衡量园区创新成果的主要指标，同时，园区科研人员人均申请专利的数量在一定程度上反映了科研活动的积极性和活跃程度，可作为一个重要的参考性指标。

1.园区授权发明专利数略有增加，西部园区的授权发明专利数最多

2014年全国106个园区授权发明专利总数为2003个，平均每个园区授权发明专利数为18.9个。授权发明专利数排名前20名的园区如图3-1所示。

图3-1可以看出，授权发明专利数排名前20名的园区只有13家园区的专利数超过了园区平均值，这说明园区的授权发明专利数量分布相对集中，园区之间的创新水平差异很大，杨凌、武汉园区有大学和科研机构支撑，其授权发明专利数分别为720个、392个，远远高于其他园区。

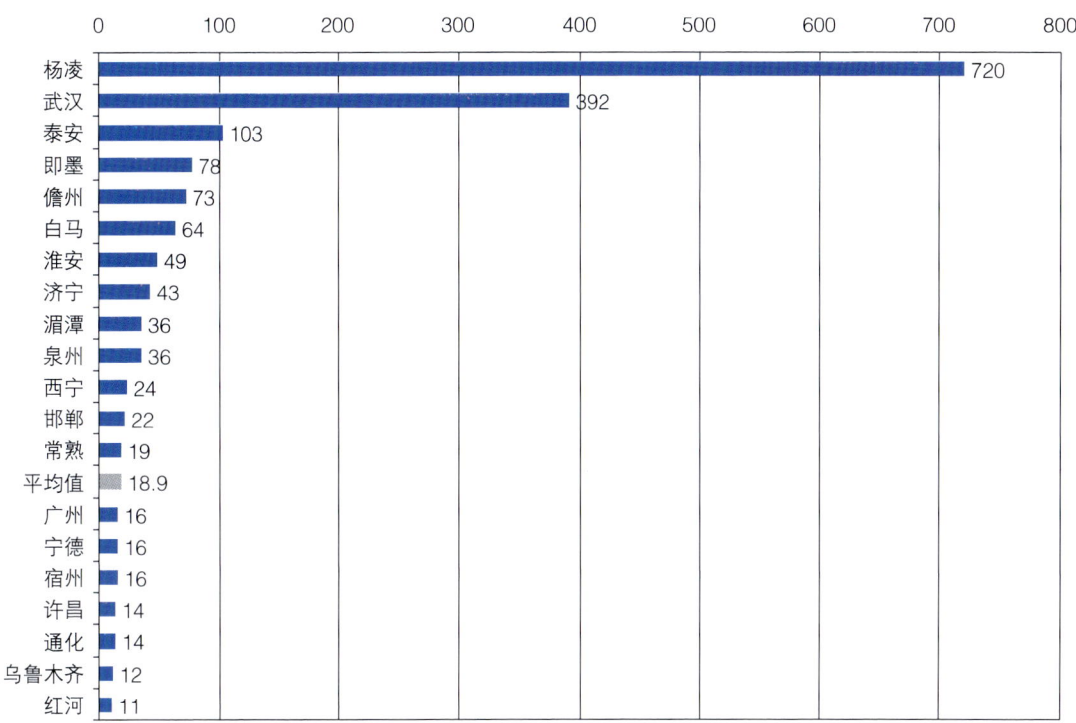

图3-1 2014年园区授权发明专利数前20名（单位：个）

2014年全国和东部（38个）、中部（36个）、西部（32个）园区的授权发明专利数据，以及剔除杨凌和武汉两个园区后的授权发明专利数据如表3-1所示。

表3-1 2013年和2014年园区授权发明专利数

（单位：个）

	2013年授权发明专利数	2014年授权发明专利数	2014年修正后授权发明专利
全国	17.23	18.9	8.58
东部	10.45	15.63	15.63
中部	15.62	14.78	4
西部	26.36	27.41	5.65

2013年和2014年的数据对比显示，2014年全国106个园区授权的发明专利数量为18.9个（修正后的授权发明专利数为8.58个），相对于2013年授权的发明专利数17.23个略有提升。区域对比方面，2014年东部园区授权的发明专利数量平均为15.63个，略高于中部园区的14.78个（修正后的授权发明专利数为4个），但是远远低于西

部园区的27.41个（修正后的授权发明专利数为5.65个）。同时，2014年东部园区授权发明专利数量相对于2013年的10.45个有明显提升，增长幅度达到50%。2014年中部地区园区的授权发明专利数略低于2013年的中部园区平均水平15.62个。而西部园区的授权发明专利数相对于2013年的西部园区平均水平26.36个略有上升，如图3-2所示。

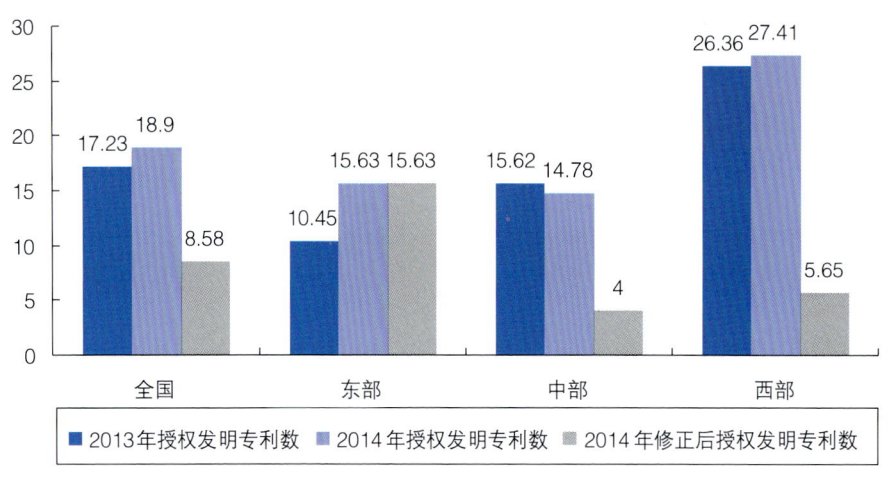

图3-2　2013年和2014年园区授权发明专利数（单位：个）

2.每百名研发人员授权发明专利数有所增长，园区申请发明专利数与国家整体水平相当

2014年每百名研发人员授权发明专利数为6.18个，高于2013年的园区平均水平5.21个。考虑到2014年发明专利授权率约为25.11%（2014年，国家知识产权局共受理发明专利申请92.8万件，同比增长12.5%，共授权发明专利23.3万件），初步可以推断出园区每百名研发人员申请发明专利数为24.65个。而2014年我国每百名研发人员（2014年我国研发人员总数约为380万人）申请发明专利数为24.42个，可见园区申请发明专利数与国家整体水平相当，如图3-3所示。

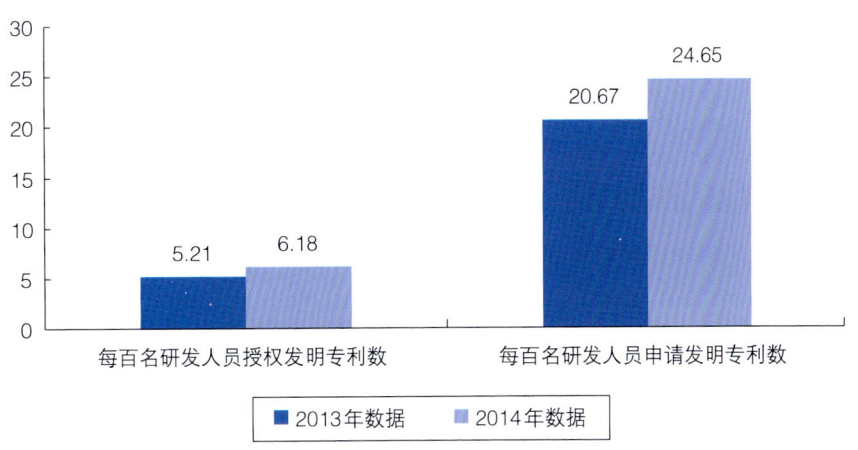

图3-3 2013年和2014年园区每百名研发人员发明专利申请数和授权数（单位：个）

从总体上看，2014年授权的发明专利数对比2013年有所增加，其中西部园区的授权发明专利数最多。同时，每百名研发人员发明专利的申请数和授权数也有一定的提升，如图3-4所示。

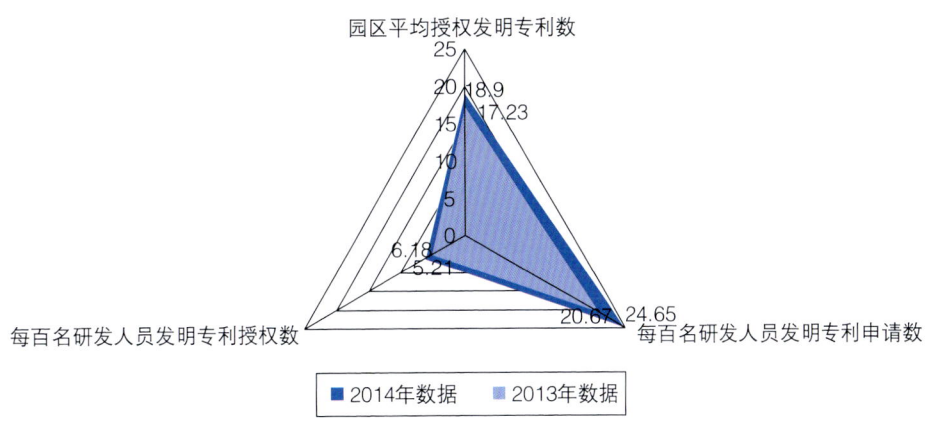

图3-4 2013年和2014年园区创新成果对比（单位：个）

二、国家农业科技园区集成创新分析

对园区集成创新能力的评价采用科技引进类指标，含引进植物新品种、引进畜禽水产新品系以及引进新技术、新产品和新设施三个分项指标。总体来看，园区科技引进品种逐步多元化，东部园区科技引进水平高于中西部园区。

1.园区引进的植物新品种有所增加，东部园区引进植物新品种数较多

在引进植物新品种方面，106个园区引进植物新品种总数为2392个，平均每个园区22.6个。其中106家园区共引进粮食新品种553个，平均每家园区5.22个，占引进植物新品种的23.12%。引进植物新品种排名前20名的园区如图3-5所示。

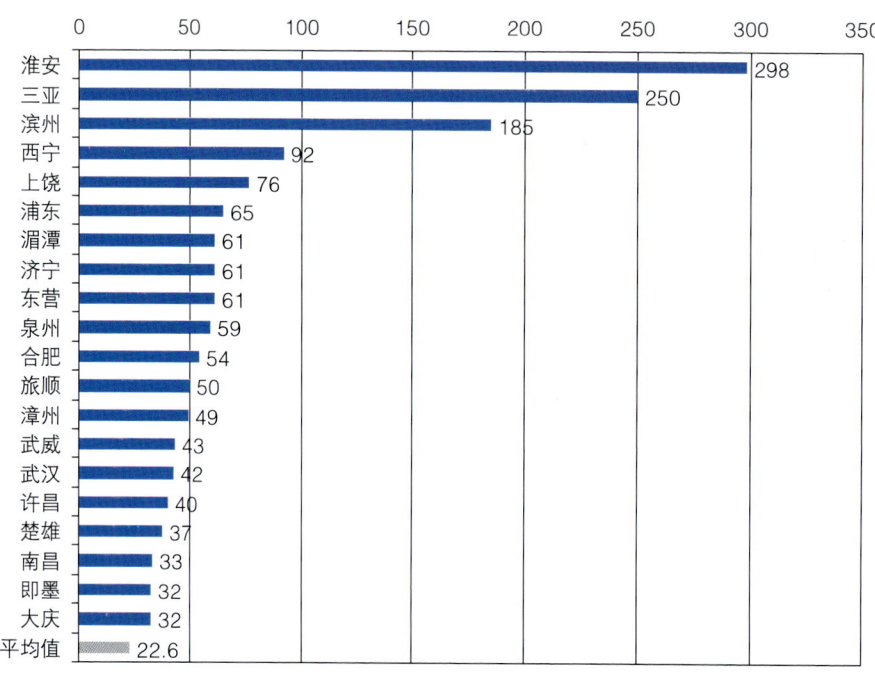

图3-5 2014年园区引进植物新品种前20名（单位：个）

2014年全国和东部（38个）、中部（36个）、西部（32个）园区引进的植物新品种数如表3-2所示。

表3-2 2013年和2014年园区引进的植物新品种

（单位：个）

	2013年园区引进植物新品种	2014年园区引进植物新品种
全国	17.10	22.57
东部	11.74	35.23
中部	15.51	16.22
西部	24.70	14.66

2013年和2014年的数据对比显示,2014年全国106家园区引进的植物新品种平均数量为22.57个,显著高于2013年的平均水平17.1个,增幅达到30%。2014年东部地区园区引进的植物新品种数量最多,达到35.23个,远远高于中部和西部园区,并且对比2013年的东部园区平均水平11.74个有大幅增加,增长幅度达到200%。2014年中部园区引进的植物新品种数量为16.22个,略高于2013年的15.51个。2014年西部园区引进的植物新品种数量为14.66个,较2013年的24.7个显著下降,这种下降一定程度上是由于西部个别园区引进的植物新品种数量有明显下降所引起的,比如杨凌(从67到15)和吴忠(43到0)等,如图3-6所示。

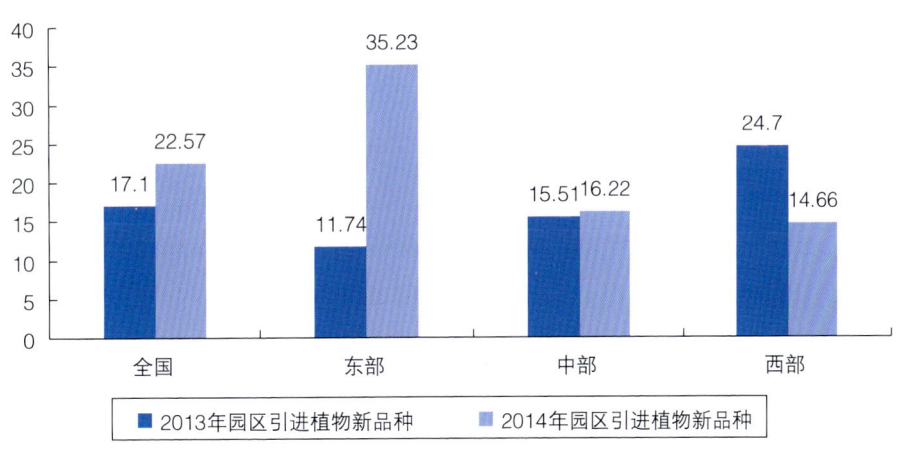

图3-6 2013年和2014年园区引进的植物新品种(单位:个)

2.园区引进的畜禽水产新品系增加显著,但相对引进的植物新品种数量仍然较少

2014年106家园区引进畜禽水产新品系的总数为375个,平均每家园区为3.54个,引进畜禽水产新品系排名前20名的园区如图3-7所示。

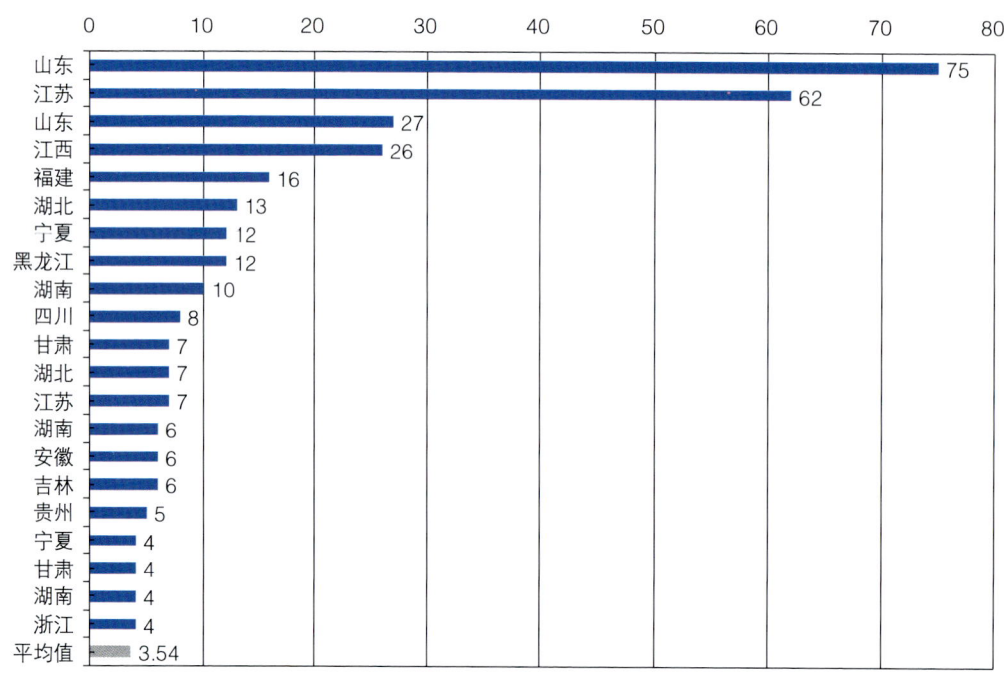

图3-7 2014年园区引进畜禽水产新品系前20名（单位：个）

2014年全国和东部（38个）、中部（36个）、西部（32个）园区引进的畜禽水产新品系数如表3-3所示。

表3-3 2013年和2014年园区引进的畜禽水产新品系

（单位：个）

	2013年园区引进畜禽水产新品系	2014年园区引进畜禽水产新品系
全国	1.46	3.54
东部	0.97	5.47
中部	1.65	2.92
西部	1.73	1.94

2013年和2014年的数据对比显示，2014年全国106家园区引进的畜禽水产新品系平均数量为3.54个，显著高于2013年110家园区的平均水平1.46个，但是相对于园区引进的植物新品种平均数量22.57个仍然有很大差距。2014年东部园区引进的畜禽水产新品系数量显著高于中、西部地区园区，并且东部园区相对于2013年的平均数量增长了460%。2014年中、西部地区园区引进的畜禽水产新品系的平均数量也高于2013年的平均水平，如图3-8所示。

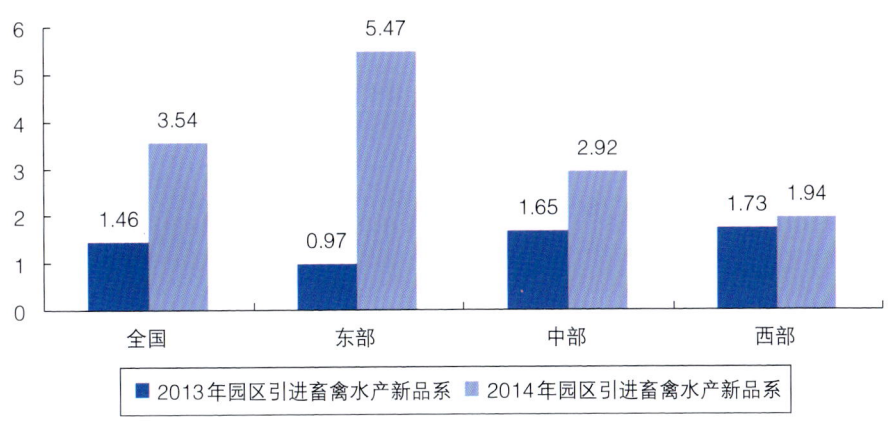

图3-8　2013年和2014年园区引进的畜禽水产新品系（单位：个）

3.引进的新技术、新产品和新设施的数量基本持平，东部园区引进的新技术、新产品和新设施的数量较多

2014年106家园区引进的新技术、新产品和新设施的总数为2297个，每家园区平均为21.67个，引进的新技术、新产品和新设施排名前20名的园区（实际上为22家，红河、上饶和浦东都为20个，并列第20名）如图3-9所示。

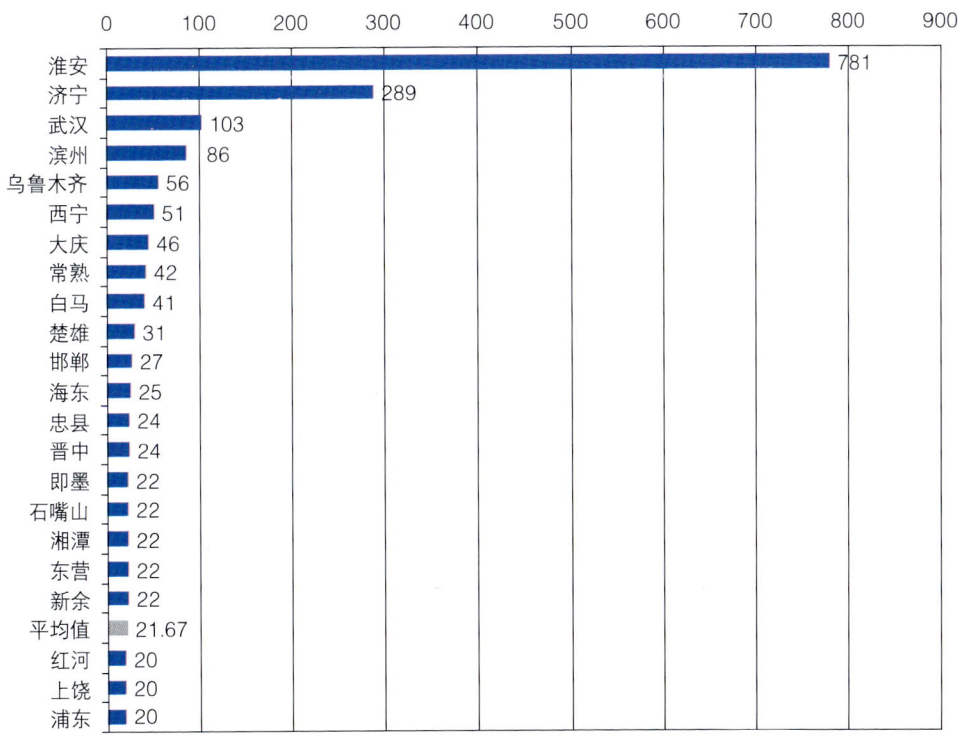

图3-9　2014年园区引进新技术、新产品和新设施前20名（单位：个）

引进的新技术、新产品和新设施的数量超过平均数21.67的只有19个园区,其中淮安和济宁引进的数量分别为781个和289个,这说明在新技术、新产品和新设施的引进方面相对集中,各园区的差异性较大。

2014年全国和东部（38个）、中部（36个）、西部（32个）园区引进的新技术、新产品和新设施数量如表3-4所示。

表3-4 2013年和2014年园区引进的新产品、新技术和新设施

（单位：个）

	2013年引进的新产品、新技术和新设施	2014年引进的新产品、新技术和新设施
全国	22.90	21.67
东部	17.61	39.23
中部	19.24	12.33
西部	31.52	11.03

2013年和2014年的数据对比显示,2014年全国106家园区引进的新技术、新产品和新设施平均数量为21.67个,略低于2013年引进的新技术、新产品和新设施平均数量22.9个。区域对比方面,2014年东部园区引进的新技术、新产品和新设施平均数量为39.23个,明显高于中部和西部园区。同时,2014年东部园区引进的新技术、新产品和新设施数量远远高于2013年的17.61个。中部地区园区引进的新技术、新产品和新设施数量略高于西部园区,但是相对于2013年,中部和西部园区引进的新技术、新产品和新设施数量均低于2013年的平均水平,如图3-10所示。中部和西部园区引进的新技术、新产品和新设施数量下降的原因,主要是个别园区的指标数据发生了较大变化,比如西部园区武威引进的新技术、新产品和新设施数量就从104个下降到了18个,西宁从91下降到了51个。

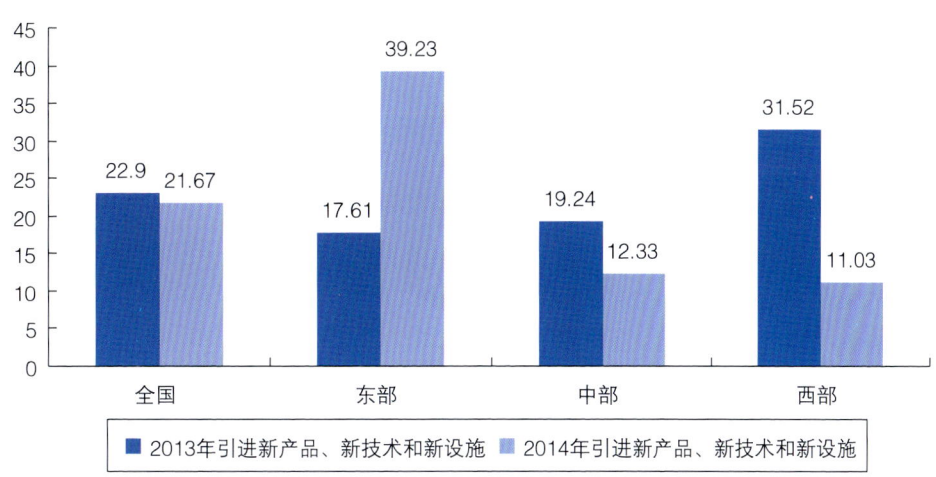

图3-10　2013年和2014年园区引进的新产品、新技术和新设施（单位：个）

4.园区集成创新能力整体有所提高，东部园区表现最为出色，集成创新能力大幅上升

总体上，2014年园区在引进植物新品种和引进畜禽水产新品系数量方面对比2013年有明显增加，而在引进新产品、新技术和新设施的数量方面与2013年基本持平，因此，2014年园区集成创新能力整体有所提高，如图3-11所示。

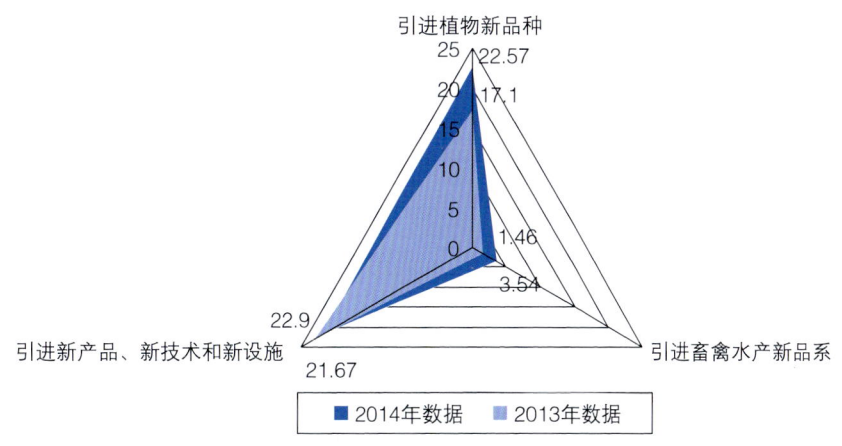

图3-11　2013年和2014年园区集成创新能力对比（单位：个）

区域对比方面，东部园区在引进植物新品种、引进畜禽水产新品系和引进新产品、新技术和新设施三项指标均表现最佳，东部园区的集成创新能力整体领先于中部和西部园区，而中部和西部园区的集成创新能力较为接近，如图3-12所示。

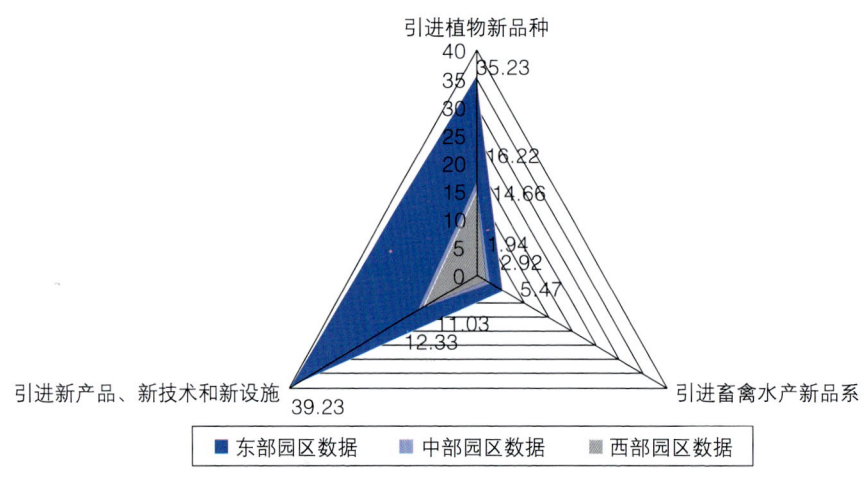

图3-12 2014年园区集成创新能力区域对比（单位：个）

此外，园区注重国外先进技术的引进，2014年园区从国外引进的新技术、新产品和新设施达到159项。

三、国家农业科技园区成果辐射分析

对园区成果辐射能力的评价采用集成推广类指标，含推广植物新品种、推广畜禽水产新品系以及推广新技术、新产品和新设施三个分项指标。总体上，东部园区的科技推广水平优于中、西部地区。

1.推广的植物新品种略有增加，东部园区推广的植物新品种较多

在推广植物新品种方面，106个园区推广植物新品种总数为1477个，平均每个园区13.93个。推广植物新品种数排名前20名的园区如图3-13所示。

由图3-12可以看出，排名前20位的园区推广的植物新品种数均超过平均值13.93个，这在一定程度上说明园区推广的植物新品种指标数据差异相对较小，而淮安和浦东推广的植物新品种数量明显领先其他园区。

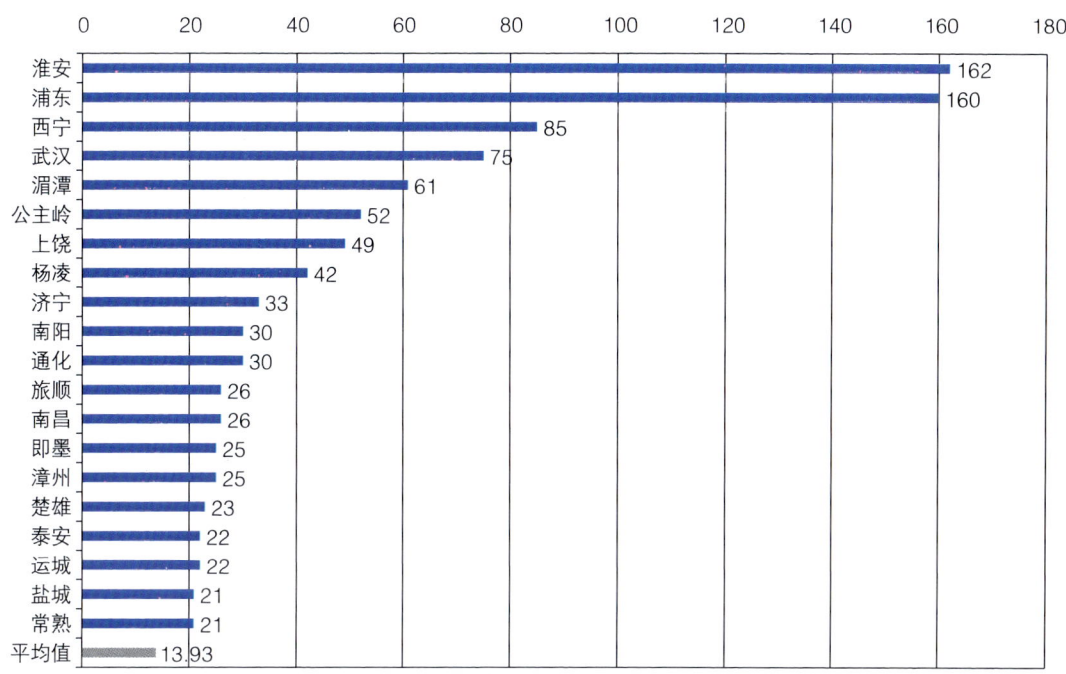

图3-13　2014年园区推广植物新品种数前20名

2014年全国以及东部（38个）、中部（36个）和西部（32个）园区推广的植物新品种数量如表3-5所示。

表3-5　2013年和2014年园区推广的植物新品种

（单位：个）

	2013年园区推广植物新品种	2014年园区推广植物新品种
全国	12.08	13.93
东部	7.79	17.24
中部	10.74	13.25
西部	18.24	10.78

2013年和2014年的数据对比显示，2014年全国106家园区推广植物新品种的数量为13.93个，略高于2013年推广的植物新品种数量12.08个。区域对比方面，2014年东部园区推广的植物新品种数量平均为17.24个，高于中部园区的13.25个和西部园区的

10.78个。同时,2014年东部园区推广的植物新品种数量远远高于2013年的7.79个,增幅超过了120%。中部地区园区推广的植物新品种数量略高于西部园区,且高于2013年的平均水平。而西部园区推广的新技术、新产品和新设施数量相对于2013年的平均水平有显著下降,如图3-14所示。

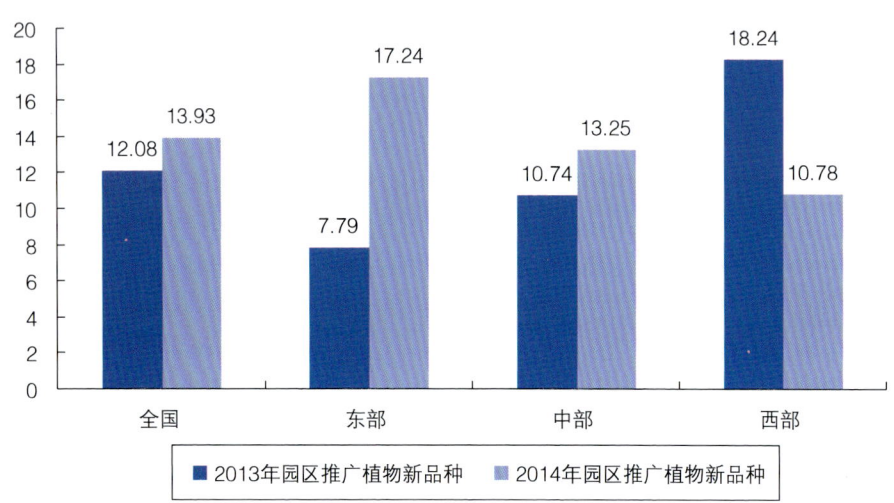

图3-14　2013年和2014年园区推广的植物新品种(单位:个)

2.推广的畜禽水产新品系数量有所增加,但相对于推广的植物新品种仍然偏少,东部园区推广的畜禽水产新品系数量较多且大幅提升

在推广的畜禽水产新品系方面,106个园区推广的畜禽水产新品系总数为230个,平均每个园区达到2.17个。推广的畜禽水产新品系排名前20名的园区如图3-15所示。

由图3-15可以看出,排名前20位的园区推广的畜禽水产新品系数量均超过平均值2.17,而淮安和济宁推广的畜禽水平新品系数量明显领先其他园区。

2014年全国以及东部(38个)、中部(36个)和西部(32个)园区推广的畜禽水产新品系数量如表3-6所示。

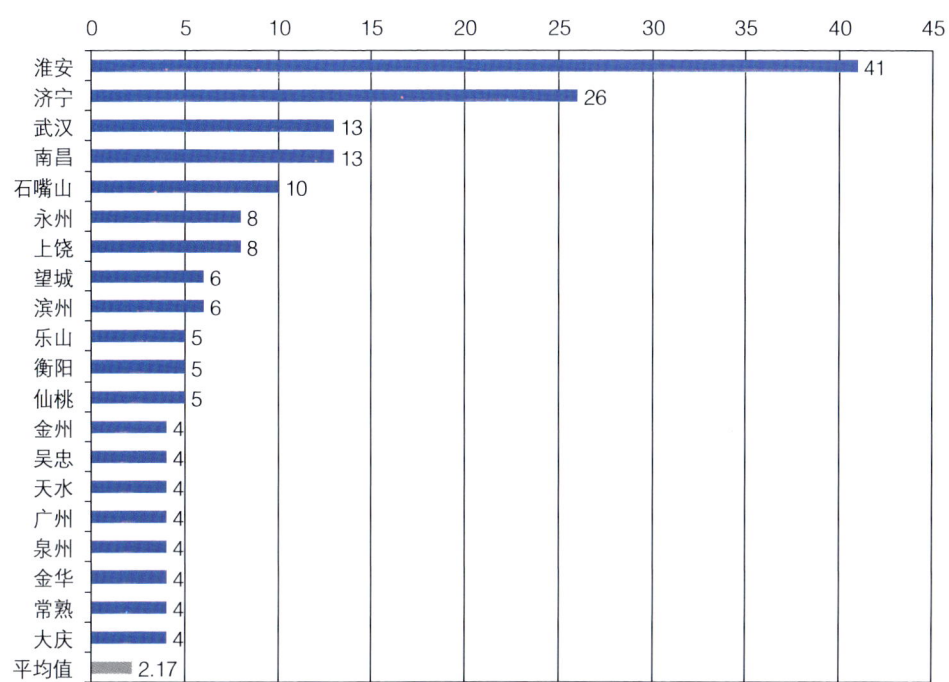

图3-15 2014年园区推广的畜禽水产新品系前20名(单位:个)

表3-6 2013年和2014年园区推广的畜禽水产新品系

(单位:个)

	2013年园区推广畜禽水产新品系	2014年园区推广畜禽水产新品系
全国	1.23	2.17
东部	0.74	2.92
中部	1.47	2.22
西部	1.42	1.22

2013年和2014年的数据对比显示,2014年全国106家园区推广畜禽水产新品系的数量为2.17个,相对于2013年的1.23个增加了76%。相对于2014年推广的植物新品种13.93个,只有其的15.58%,比例仍然偏低。但是对比2013年的比例10.18%还是有所提升,整体发展趋势较好。区域对比方面,2014年东部园区推广的畜禽水产新品系数量平均为2.92个,高于中部园区的2.22个和西部园区的1.22个。同时,2014年东部园区推广的畜禽水产新品系数量远远高于2013年的0.74个,增幅接近300%。中部地区园区畜禽水产新品系数量高于西部园区,且高于2013年中部园区的平均水平。而西部园区推广的畜禽水产新品系数量相对于2013年的平均水平略有下降。如图3-16所示。

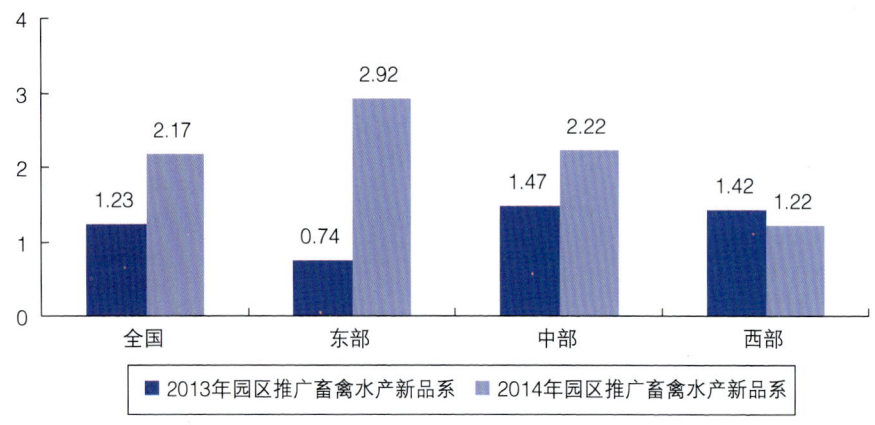

图3-16　2013年和2014年园区推广的畜禽水产新品系（单位：个）

3.推广的新技术、新产品和新设施数量有所增加，东部园区推广的新技术、新产品和新设施的数量最多且增长明显

在推广的新技术、新产品和新设施数量方面，106个园区推广的新技术、新产品和新设施总数为1939个，平均每个园区18.29个。推广的新技术、新产品和新设施排名前20名的园区如图3-17所示。

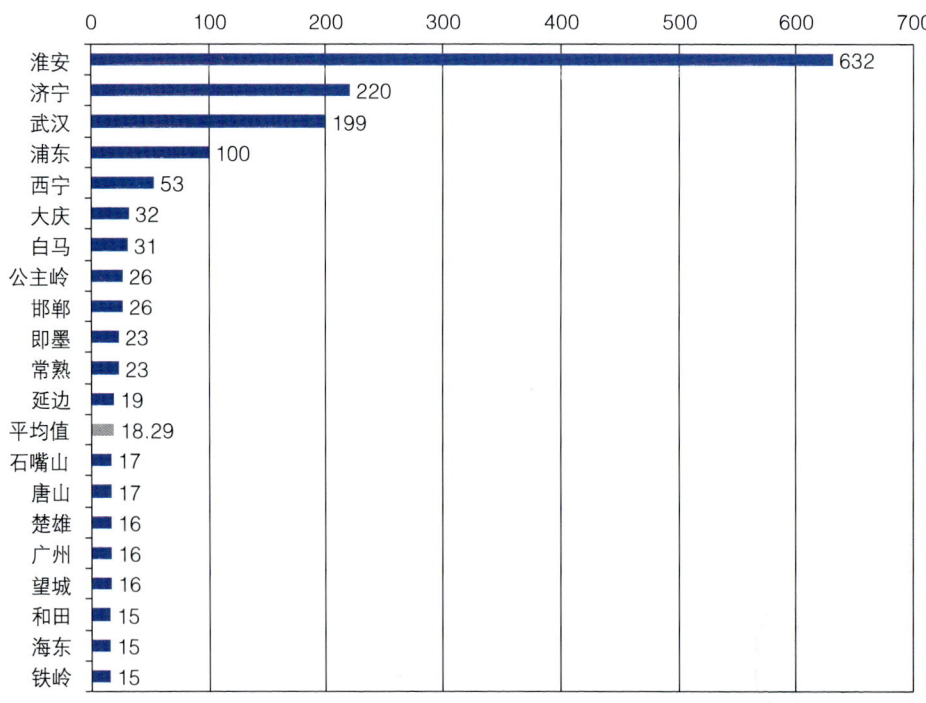

图3-17　2014年园区推广的新技术、新产品和新设施前20名（单位：个）

由图3-17可以看出，排名前20位的园区推广的新技术、新产品和新设施数量仅有12个超过平均值18.29，这在一定程度上说明推广的新技术、新产品和新设施指标数据相对集中，园区间的差异较大。而东部地区的淮安、济宁和浦东以及中部地区的武汉推广的新技术、新产品和新设施数量均超过了100个，明显领先其他园区。

2014年全国以及东部（38个）、中部（36个）和西部（32个）园区推广新技术、新产品和新设施数量的数据，如表3-7所示。

表3-7 2013年和2014年园区推广的新技术、新产品和新设施

（单位：个）

	2013年推广新产品、新技术和新设施	2014年推广新产品、新技术和新设施
全国	14.04	18.29
东部	14.32	32.47
中部	15.97	13.58
西部	11.10	6.75

2013年和2014年的数据对比显示，2014年全国106家园区推广新技术、新产品和新设施数量平均为18.29个，相对于2013年的14.04个增加了30%。区域对比方面，2014年东部园区推广的新技术、新产品和新设施数量平均为32.47个，远远高于中部园区的13.58个和西部园区的6.75个。同时，2014年东部园区推广的新技术、新产品和新设施数量远远高于2013年的14.32个，增幅超过120%。中部地区园区推广的新技术、新产品和新设施数量高于西部园区，但略低于2013年中部园区的平均水平。而西部园区推广的新技术、新产品和新设施数量相对于2013年的平均水平有明显的下降。如图3-18所示。

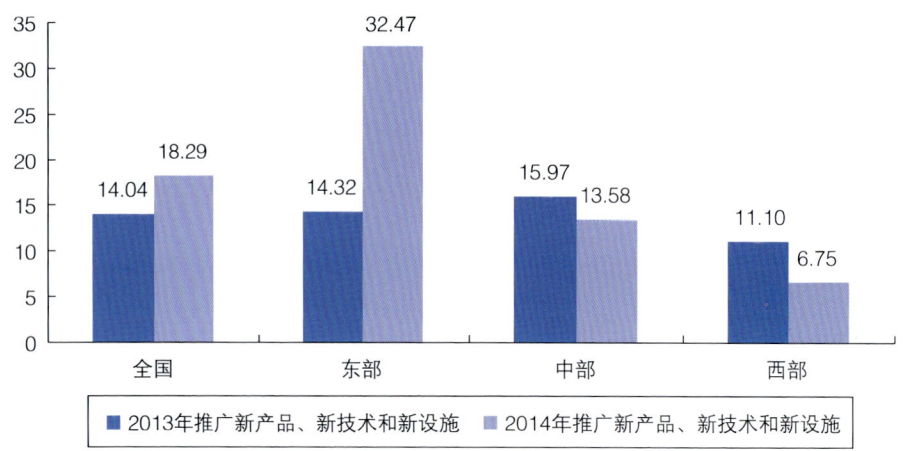

图3-18　2013年和2014年推广的新产品、新技术和新设施（单位：个）

4.成果辐射能力整体提升，东部园区成果辐射作用领先中部和西部园区

总体上，2014年园区在推广植物新品种、推广畜禽水产新品系和推广新产品、新技术和新设施方面对比2013年都有一定提升，因此，2014年园区成果辐射能力整体均有提高，如图3-19所示。

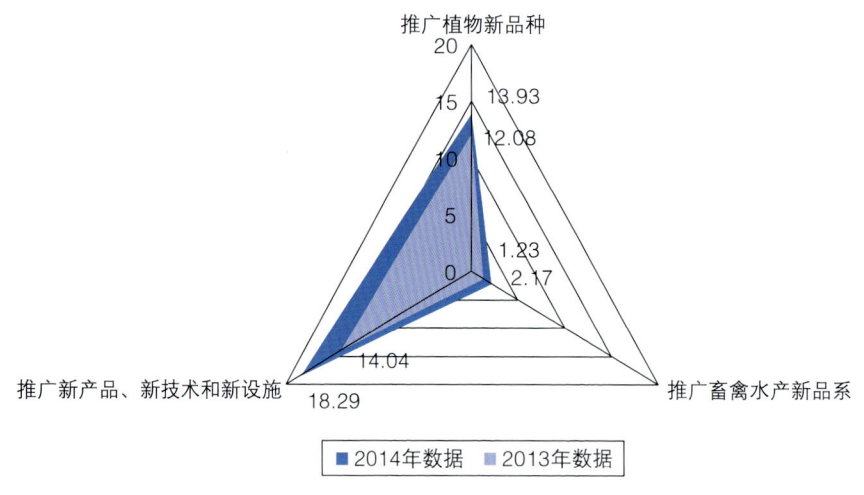

图3-19　2013年和2014年园区成果辐射能力对比（单位：个）

区域对比方面，东部园区在推广植物新品种、推广畜禽水产新品系和推广新产品、新技术和新设施三项指标均表现最佳，东部园区成果辐射能力整体领先中部和西部园区，而中部园区的成果辐射能力好于西部园区，如图3-20所示。

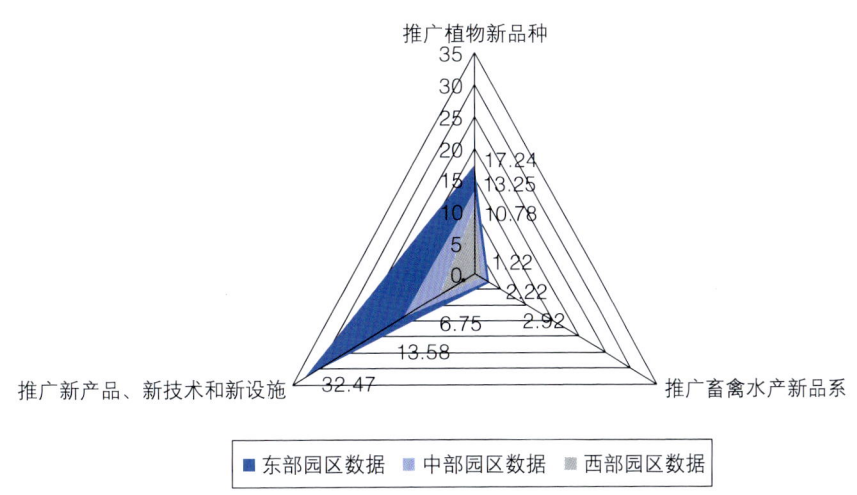

图3-20 2014年园区成果辐射能力区域对比（单位：个）

四、小结

创新水平是国家农业科技园区创新能力的科技原动力与外在表现。本章结合授权发明专利数、科技引进和科技推广三个方面的指标对106个园区的创新水平指数进行了核算，并得出如下结论：

（1）园区授权的发明专利数略有增加，园区每百名研发人员申请发明专利数与国家每百名研发人员申请发明专利数水平相当，但园区之间差异较大，有大学和科研机构支撑的园区在创新水平方面的表现明显出色。

（2）以科技引进为特征的园区集成创新能力不断增强，东部园区的表现最为出色，科技引进水平高于中、西部园区。

（3）以科技推广为特征的园区成果辐射能力相对于2013年整体均有所提高，但仍有较大提升空间，且东部园区科技推广水平优于中、西部园区。

国家农业科技园区创新能力评价报告2015

第四章 国家农业科技园区创新能力分项评价

——创新绩效评价

创新绩效反映的是国家农业科技园区通过创新活动所取得的经济效益与社会效益，体现国家农业科技园区的建设以促进社会经济发展为根本。因此，正确认识和把握创新绩效，系统总结创新经验是非常有必要的。国家农业科技园区的建设，对推动区域创新、拉动经济发展发挥了积极的作用。本章从经济收益、产业结构、企业培育、品牌建设、土地产出率与劳动生产率等方面对园区的创新绩效进行衡量。

一、国家农业科技园区技术性收入分析

本报告采用园区企业技术性收入与生产资料类产品销售收入占企业总产值比例来测度园区的产业带动能力，并结合园区新吸纳就业人口数、带动当地农户人数两项数据，分析各园区的产业带动效果。

1.技术性收入与生产资料类产品销售收入占比总体偏低，园区产业带动能力有待提高

参与本次评价的106个园区（东部38个、中部36个和西部32个），平均技术性收入占比为23.67%，平均生产资料类产品销售收入占比为18.51%。本次评价中，技术性收入与生产资料类产品销售收入占比总体偏低，在一定程度上说明多数园区以终端消费性农产品生产和销售为主，产业带动能力有待提升。

106个园区企业技术性收入占企业总产值的比例平均值为23.67%，企业技术性收入占企业总产值的比例排名前20名的园区如图4-1所示。

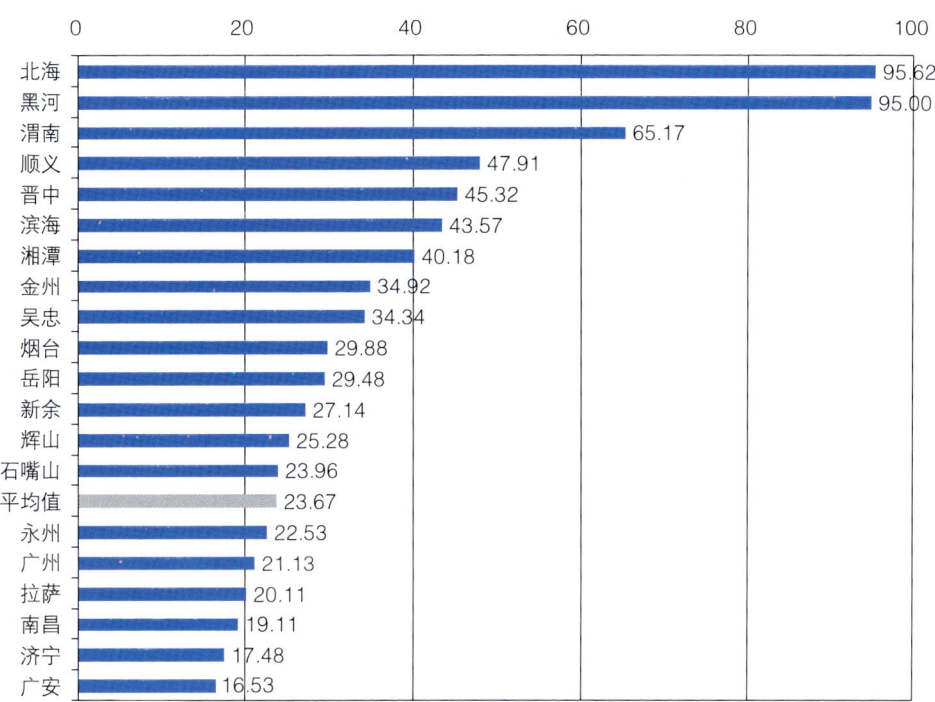

图4-1 2014年园区企业技术性收入占比前20名（单位：%）

由图4-1可以看出，排名前20名的园区的企业技术性收入占比有14个超过平均值23.67%，这在一定程度上说明企业技术性收入数据相对集中，园区间的差异较大。其中，北海和黑河的企业技术性收入占比明显领先其他园区。

106个园区生产资料类产品销售收入占企业总产值的比例平均值为18.51%。生产资料类产品销售收入占企业总产值的比例排名前20名的园区如图4-2所示。

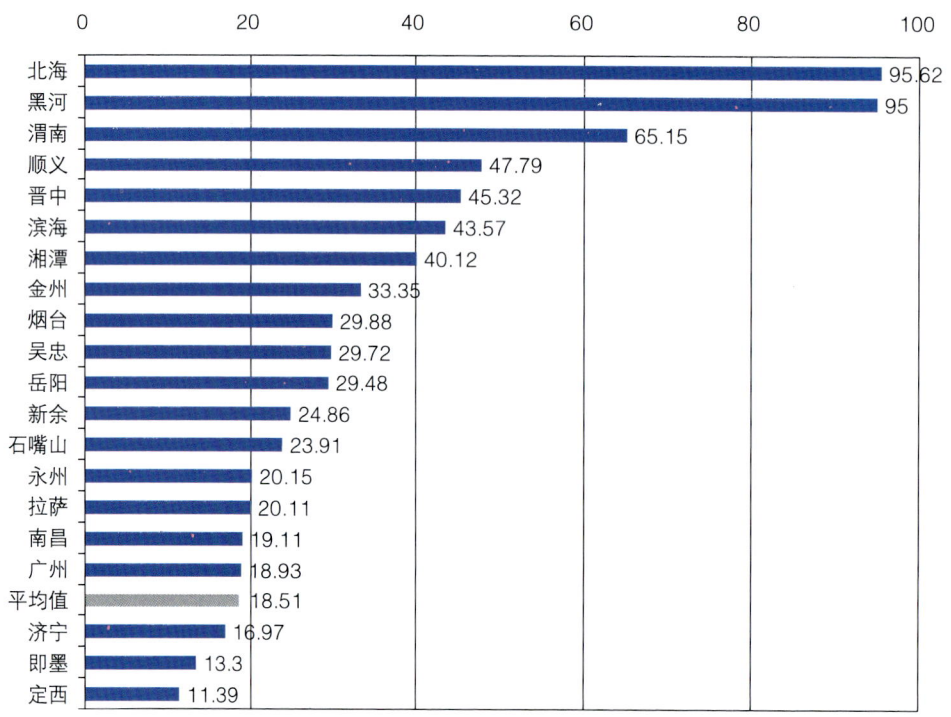

图4-2 2014年园区生产资料类产品销售收入占比前20名（单位：%）

由图4-2可以看出，排名前20名的园区的生产资料类产品销售收入占比有17个园区超过平均值18.51%，这在一定程度上说明生产资料类产品销售收入数据相对集中，园区间的差异较大。其中，北海和黑河的生产资料类产品销售收入占比明显领先其他园区。

剔除异常值后，按地域划分，东、中、西部园区的企业技术性收入与生产资料类产品销售收入占企业总产值的平均值如表4-1所示。

表4-1 2013年和2014年园区技术性收入与生产资料类产品销售收入占比

（单位：%）

	2014年技术性收入占比	2014年生产资料类销售收入占比
全国	24	19
东部	13	11
中部	12	11
西部	52	37

由表4-1可以看出，西部园区的技术性收入与生产资料类产品销售收入占比远远高于东部和西部园区，在一定程度上表明西部园区的产业带动能力领先。如图4-3和图4-4所示。

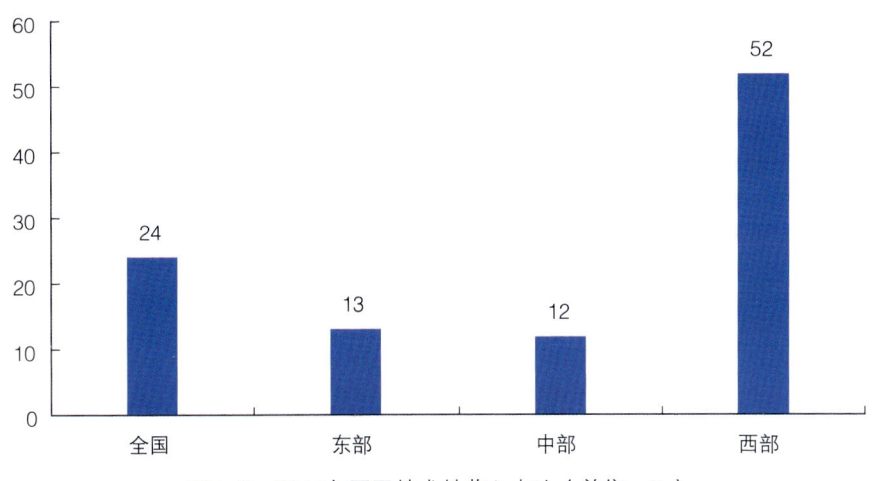

图4-3　2014年园区技术性收入占比（单位：%）

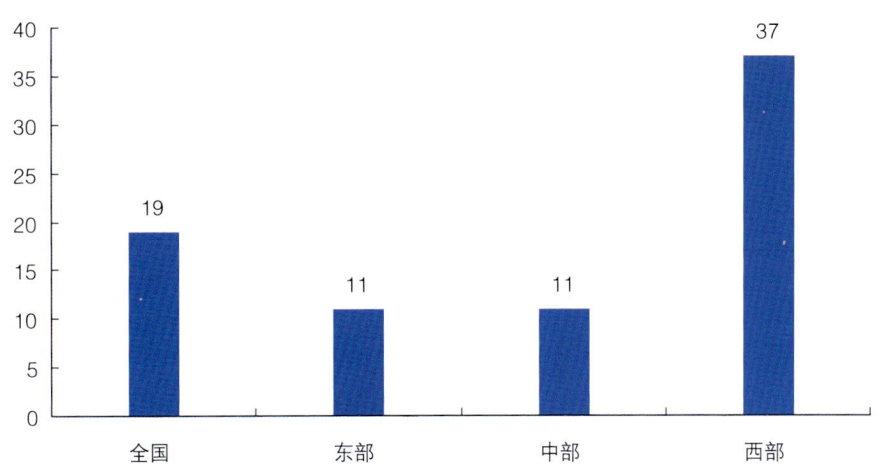

图4-4　2014年园区生产资料类产品销售收入占比（单位：%）

2.中部园区在新安置就业人数和带动当地农户人数方面总体表现最好，产业带动效果强于东部和西部园区

本次评价结合园区新吸纳就业人口数、带动当地农户人数两项数据，分析园区的产业带动效果。中部园区总体表现优于东部和西部园区，如表4-2所示。

表4-2　2014年园区产业带动效果

（单位：人）

	2014年新安置就业人口数	2014年带动当地农户人数
全国	1642.86	54023.57
东部	1218.62	43755.74
中部	1945.63	69662.43
西部	1840.17	48409.93

由表4-2可以看出，在新安置就业人口数方面，2014年106个园区平均值为1642.86人，中部园区平均值最高，为1945.63人，优于东部和西部园区。西部园区平均值为1840.17人，高于东部园区的平均水平1218.62人，略低于中部园区的平均水平，如图4-5所示。

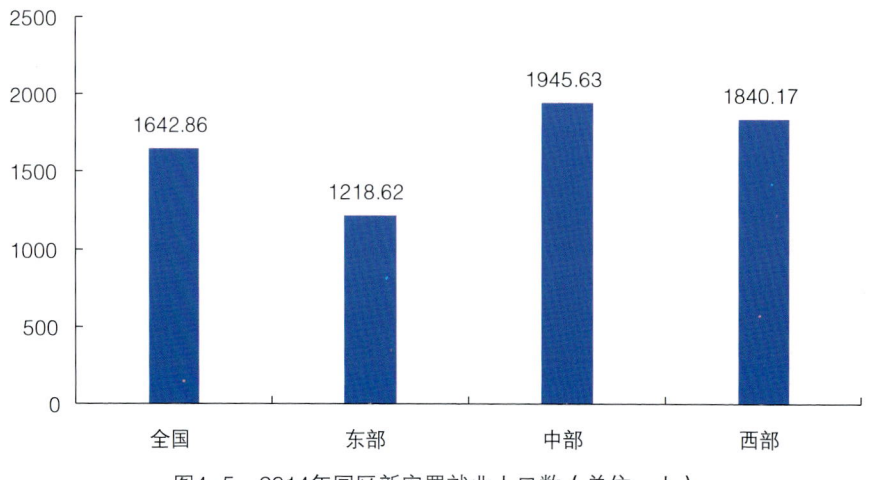

图4-5　2014年园区新安置就业人口数（单位：人）

在带动当地农户人数方面，中部园区表现突出。2014年106个园区平均值为54023.57人，中部园区平均值为69662.43人，明显领先东部和西部园区。西部园区平均值为48409.93人，略高于东部园区的平均水平43755.74人，但远低于中部园区的平均水平，如图4-6所示。

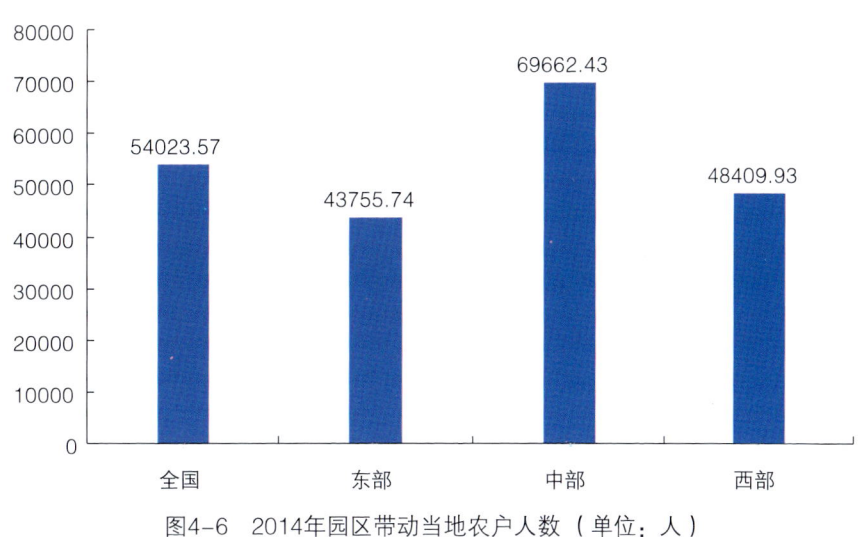

图4-6 2014年园区带动当地农户人数（单位：人）

3.园区产业带动能力有待提高，园区产业带动效果与产业带动能力不成正比

参与本次评价的106个园区平均技术性收入占比为23.67%，平均生产资料类产品销售收入占比为18.51%。原则上，园区企业技术性收入以及生产资料类产品销售收入的占比越高，则园区产业带动能力越强，对产业链的增长加厚作用越明显。可见园区产业带动能力有待提高。从园区产业带动能力来看，西部园区的技术性收入与生产资料类产品销售收入占比领先；但是从园区产业带动效果来看，西部园区的新安置就业人数和带动当地农户人数低于中部园区，可见园区产业带动效果与产业带动能力不成正比。园区在产业带动效果与产业带动能力方面需要进一步协调优化。

二、国家农业科技园区产业结构分析

本报告采用二三产产值占总产值的比例来测度园区的产业结构及水平。参与本次评价的106个园区（东部38个、中部36个和西部32个）二三产产值占比平均值为74.81%，剔除较2013年二三产产值占比突变的14个园区（杨凌、伊犁、常熟、晋中、宁德、广州、顺义、乐山、慈溪、贵阳、漳州、即墨、天水、湄潭）后，二三产产值占比平均值为80.26%。排名前20位的园区二三产产值占比数据，如图4-7所示。

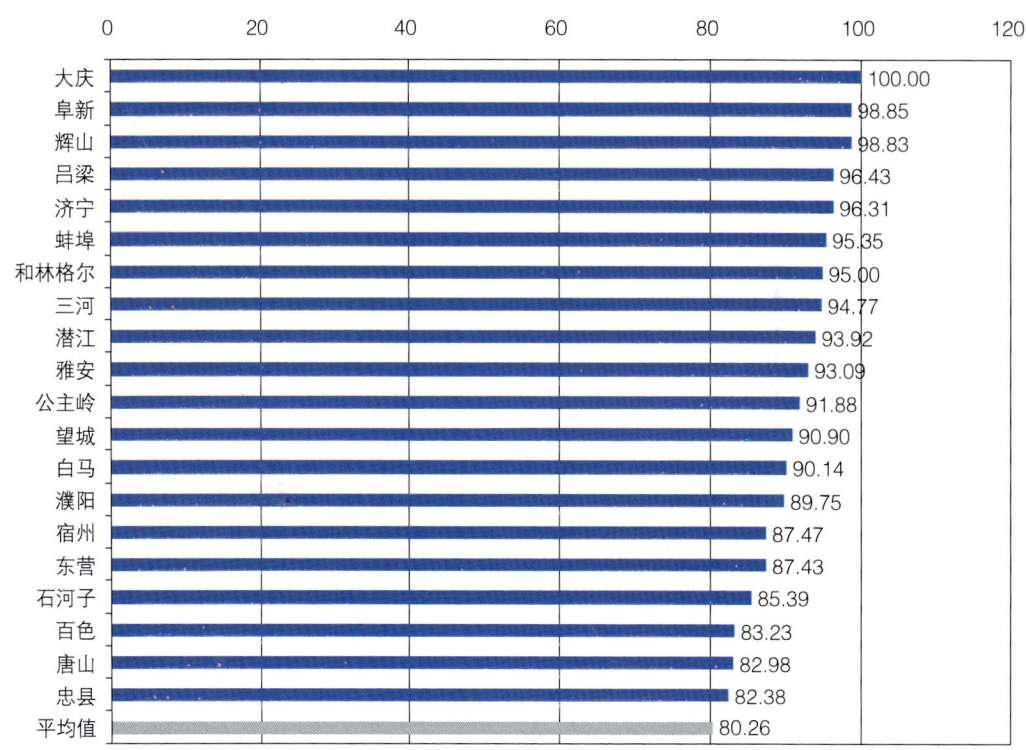

图4-7 2014年园区二三产产值占总产值的比例前20名（单位：%）

由图4-7可以看出，排名前20位的园区二三产产值占比均超过平均值80.26%，这在一定程度上说明园区二三产产值指标数据差异相对较小。

2014年全国以及东部（38个）、中部（36个）和西部（32个）园区的二三产产值占比数据，以及剔除较2013年二三产产值占比突变的14个园区（杨凌、伊犁、常熟、晋中、宁德、广州、顺义、乐山、慈溪、贵阳、漳州、即墨、天水、湄潭）计算得到的修正值，如表4-3所示。

表4-3 2013年和2014年园区二三产产值占总产值比例

（单位：%）

	2013年产业融合度	2014年产业融合度	2014年产业融合度修正值
全国	78.37	74.81	80.26
东部	83.66	76.90	83.40
中部	72.04	78.80	80.15
西部	78.56	54.66	67.07

2013年和2014年的修正数据对比显示，2014年全国106个园区二三产产值占比平均值为80.26%，相对于2013年二三产产值占比平均值78.37%略有提升。区域对比方面，2014年中部园区二三产产值占比平均值为80.15%，高于西部园区的67.07%，但是略低于东部园区的83.40%。同时，2014年中部园区二三产产值占比相对于2013年的72.04%有明显提升，2014年东部园区二三产产值占比与2013年的83.66%基本持平，2014年西部园区二三产产值占比相对于2013年的78.56%明显下降，如图4-8所示。

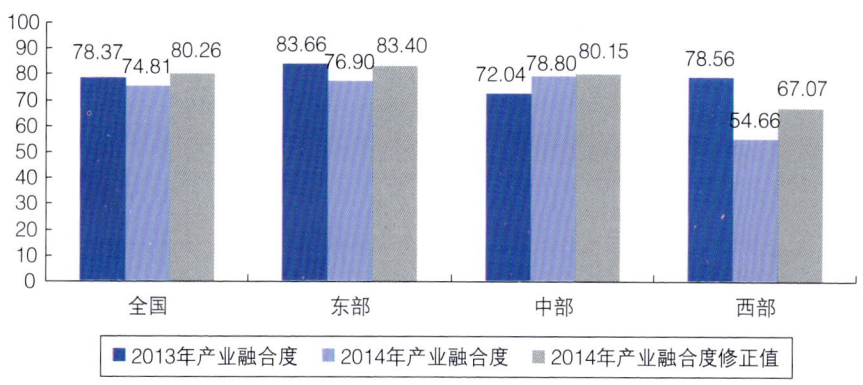

图4-8　2013年和2014年园区二三产产值占总产值的比例（单位：%）

三、国家农业科技园区企业培育情况分析

在企业孵化方面，本次评价采用在孵企业数、毕业企业数和新增孵化企业数三个指标进行评价。企业培育总体发展较快，在孵企业数和新增孵化企业数较2013年明显增加，毕业企业数略有降低。一定程度上说明园区企业培育规模和质量要求有所增强。参与本次评价的106个园区（东部38个、中部36个和西部32个）平均在孵企业数为10.90个，平均毕业企业数为4.67个，平均新增孵化企业数为3.24个。

1.园区在孵企业总体发展良好，在孵企业数增幅明显，西部园区在孵企业数最多

在孵企业数方面，106个园区平均在孵企业数为10.90个，相比2013年数据8.54个明显增加，在孵企业数最多的前20名园区如图4-9所示。

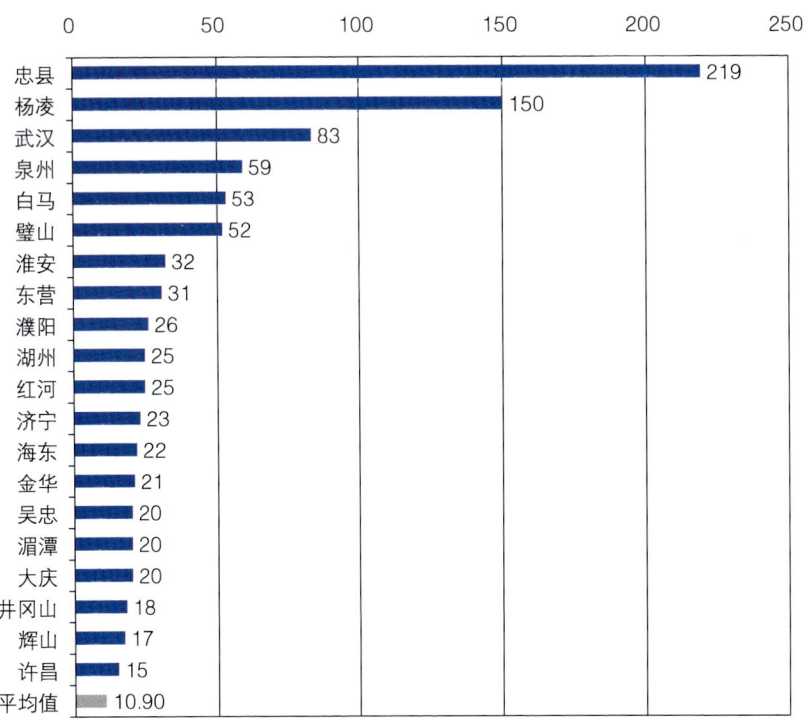

图4-9 2014年园区在孵企业数前20名（单位：个）

由图4-9可以看出，在孵企业数排名前20位的园区均超过平均值10.90个，这在一定程度上说明在孵企业数据相对分散。其中忠县和杨凌分别为219个和150个，远远高于其他园区。

2014年全国以及东部（38个）、中部（36个）和西部（32个）园区在孵企业数平均值如表4-4所示。

表4-4 2013年和2014年园区在孵企业数

（单位：个）

	2013年在孵企业数	2014年在孵企业数
全国	8.54	10.90
东部	4.68	9.03
中部	7.45	7.39
西部	8.06	17.03

2013年和2014年的数据对比显示，2014年全国106家园区在孵企业数平均值为10.90个，高于2013年在孵企业数平均值8.54个。区域对比方面，2014年东部园区在孵企业数平均值为9.03个，高于中部园区的7.39个，但低于西部园区的17.03个。同时，2014年东部和西部园区在孵企业数平均值远远高于2013年，中部园区在孵企业数平均值与2013年基本持平。如图4-10所示。

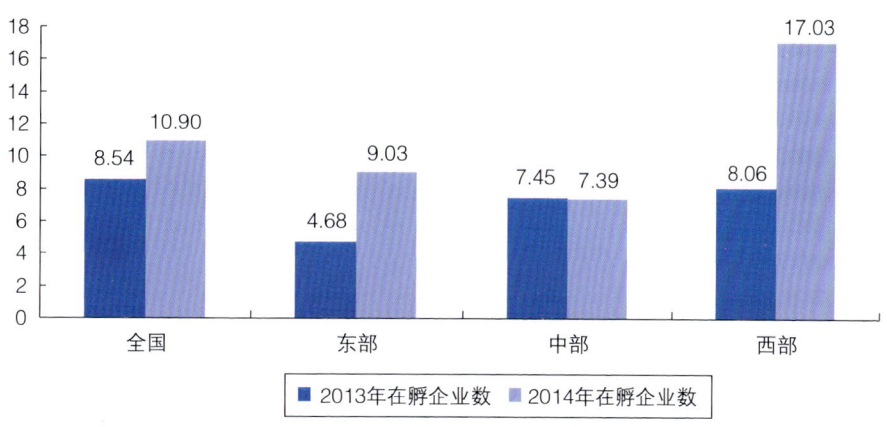

图4-10 2013年和2014年园区在孵企业数（单位：个）

2.园区毕业企业数总体略有下降，中部园区毕业的企业数量最多

毕业企业数方面，106个园区平均毕业企业数为4.67个，相比2013年数据4.91个略有下降。毕业企业数最多的20个园区如图4-11所示。

由图4-11可以看出，毕业企业数排名前20位的园区均超过平均值4.67个，这在一定程度上说明毕业企业数据相对分散。其中武汉为150个，远远高于其他园区。

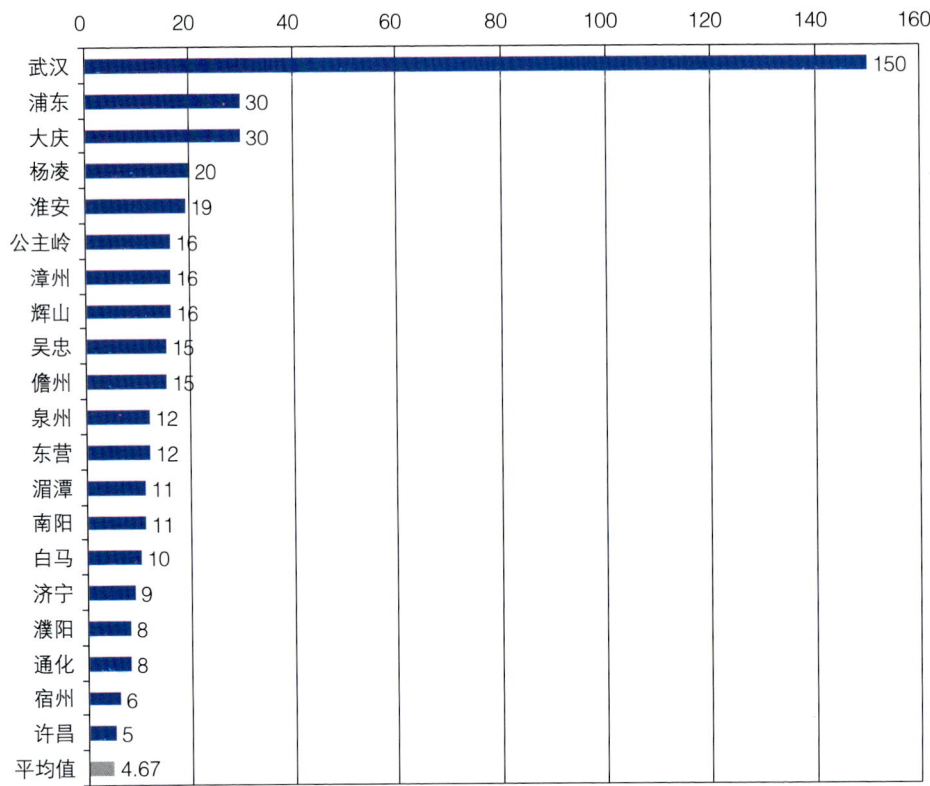

图4-11 2014年园区毕业企业数前20名（单位：个）

2014年全国以及东部（38个）、中部（36个）和西部（32个）园区毕业企业数平均值如表4-5所示。

表4-5 2013年和2014年园区毕业企业数（单位：个）

	2013年毕业企业数	2014年毕业企业数
全国	4.91	4.67
东部	1.41	4.35
中部	3.19	7.19
西部	4.82	2.19

2013年和2014年的数据对比显示，2014年全国106家园区毕业企业数平均值为4.67个，略低于2013年毕业企业数平均值4.91个。区域对比方面，2014年东部园区毕业企业数平均值为4.35个，高于西部园区2.19个，但低于中部园区的7.19个。同时，

2014年东部和中部园区毕业企业数平均值远远高于2013年,西部园区毕业企业数平均值低于2013年,如图4-12所示。

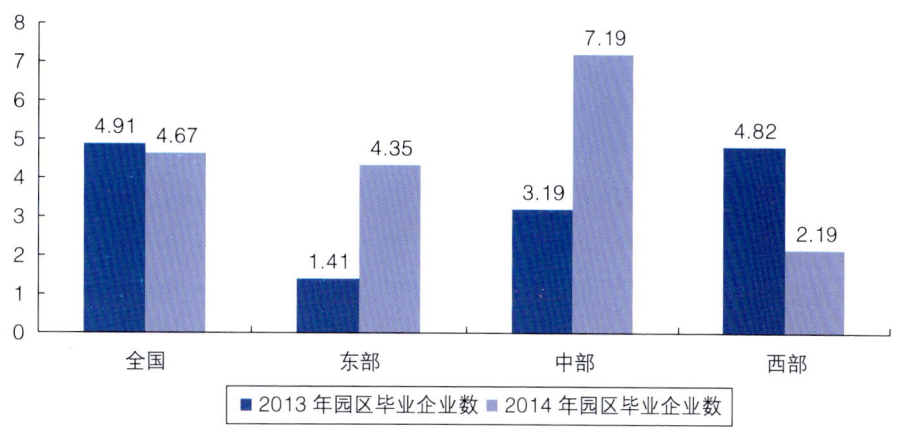

图4-12 2013年和2014年园区毕业企业数(单位:个)

3.园区新增孵化企业数保持稳步增长,东部园区的增幅最大

新增孵化企业数方面,106个园区中平均新增孵化企业数为3.24个,与2013年数据2.21个相比,有明显提升。新增孵化企业数最多的20个园区如图4-13所示。

由图4-13可以看出,新增孵化企业数排名前20位的园区均超过平均值3.24个,这在一定程度上说明新增孵化企业数据相对分散。其中忠县为50个,远远高于其他园区。

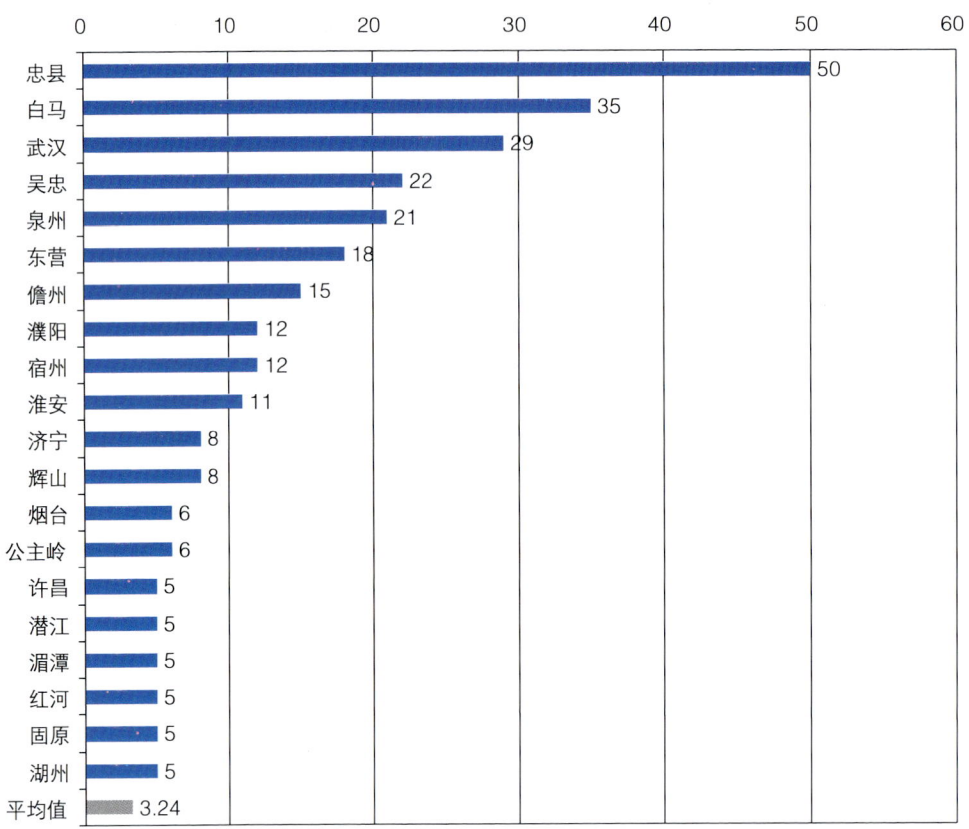

图4-13 2014年园区新增孵化企业数前20名（单位：个）

2014年全国以及东部（38个）、中部（36个）和西部（32个）园区新增孵化企业数平均值如表4-6所示。

表4-6 2013年和2014年园区新增孵化企业数

（单位：个）

	2013年新增孵化企业数	2014年新增孵化企业数
全国	2.21	3.24
东部	1.47	3.78
中部	2.95	2.72
西部	2	3.19

2013年和2014年的数据对比显示，2014年全国106家园区新增孵化企业数平均值为3.24个，高于2013年新增孵化企业数平均值2.21个。区域对比方面，2014年西部园

区新增孵化企业数平均为3.19个,高于中部园区2.72个,但低于东部园区的3.78个。同时,2014年东部和西部园区新增孵化企业数平均值远远高于2013年,中部园区新增孵化企业数平均值略低于2013年平均值。如图4-14所示。

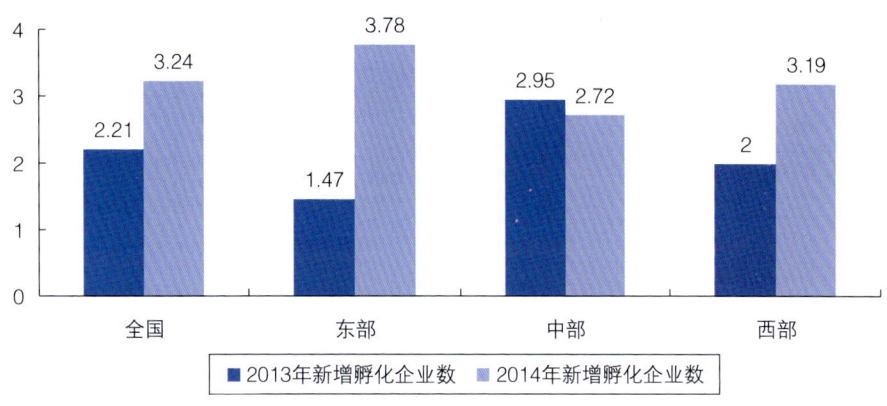

图4-14　2013年和2014年园区新增孵化企业数(单位:个)

4.园区企业培育情况总体表现良好,园区应更加重视企业培育和成长机制

2014年与2013年企业培育总体结构相似,在孵企业数较多,毕业企业数与新增在孵企业数较少。2014年在孵企业数与新增在孵企业数有一定增长,毕业企业数与2013年持平,较2013年整体明显优势改善,如图4-15所示。

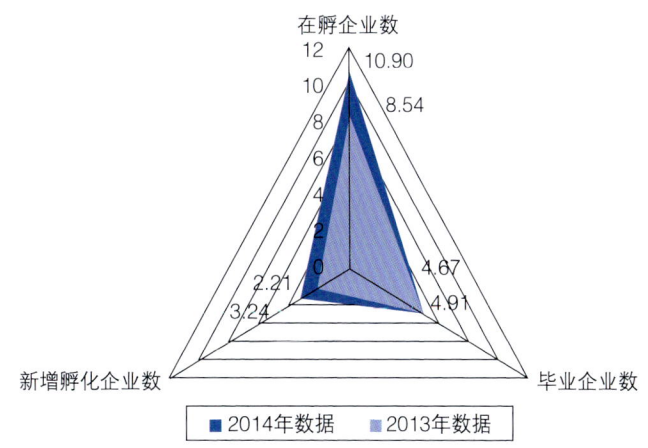

图4-15　2013年和2014年园区企业培育情况对比(单位:个)

四、国家农业科技园区品牌建设分析

在品牌建设方面，本报告以园区拥有的品牌数量作为主要参考指标，同时，将园区拥有的地理性标识产品作为辅助参考指标，品牌建设状况反映了园区将创新成果通过品牌运作转化为市场价值的情况。

1.园区拥有的品牌数略有增加，东部园区数量最多

2014年全国106个园区拥有的品牌总数为1866个，平均每个园区17.6个。拥有品牌数量前20名的园区如图4-16所示。

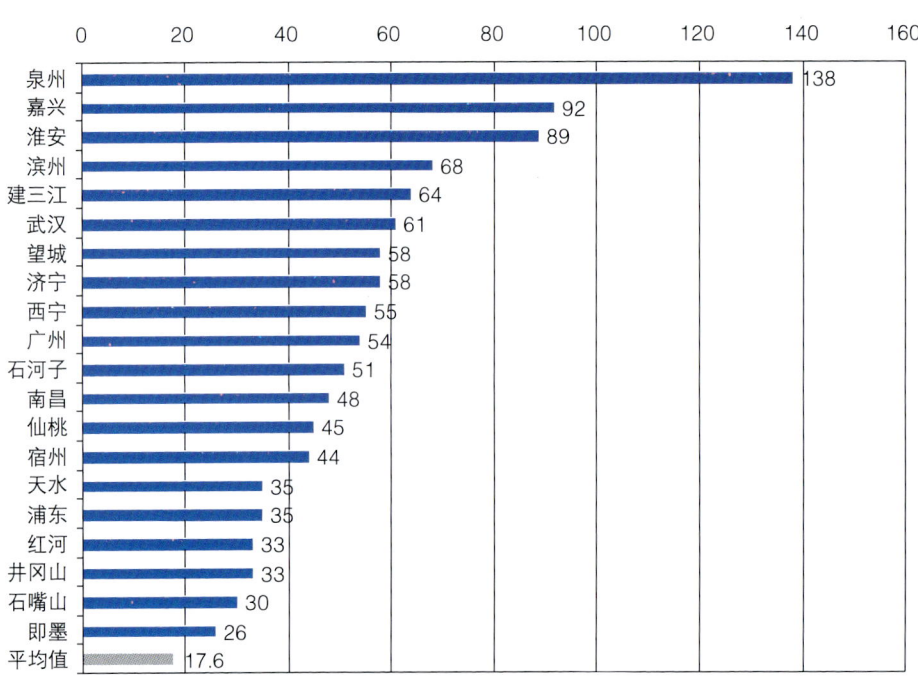

图4-16　2014年园区拥有品牌数量前20名（单位：个）

由图4-16可以看出，排名前20位的园区拥有的品牌数均超过平均值17.6，这在一定程度上说明园区拥有的品牌数量指标数据差异相对较小，而泉州、嘉兴和淮安园区拥有的品牌数量明显领先其他园区。

2014年全国以及东部（38个）、中部（36个）和西部（32个）园区拥有的品牌数量的数据如表4-7所示。

表4-7 2013年和2014年园区拥有的品牌数量

（单位：个）

	2013年园区拥有品牌数	2014年园区拥有品牌数
全国	17.25	17.6
东部	9.21	22.02
中部	9.83	18.17
西部	16.73	11.72

2013年和2014年的数据对比显示，2014年全国106家园区拥有的品牌数量平均为17.6个，相对于2013年的平均水平17.25个略有增加。区域对比方面，2014年东部园区拥有的品牌数量平均为22.02个，远远高于中部园区的18.17个和西部园区的11.72个。同时，2014年东部园区拥有的品牌数量对比2013年东部园区的9.21个明显增加，且增幅达到140%。中部地区园区拥有的品牌数量高于西部园区，并且对比2013年中部园区的平均水平明显增加，而西部园区拥有的品牌数量相对于2013年的平均水平略有下降，但主要是由于两年西部的园区样本存在一定差异造成的，如图4-17所示。

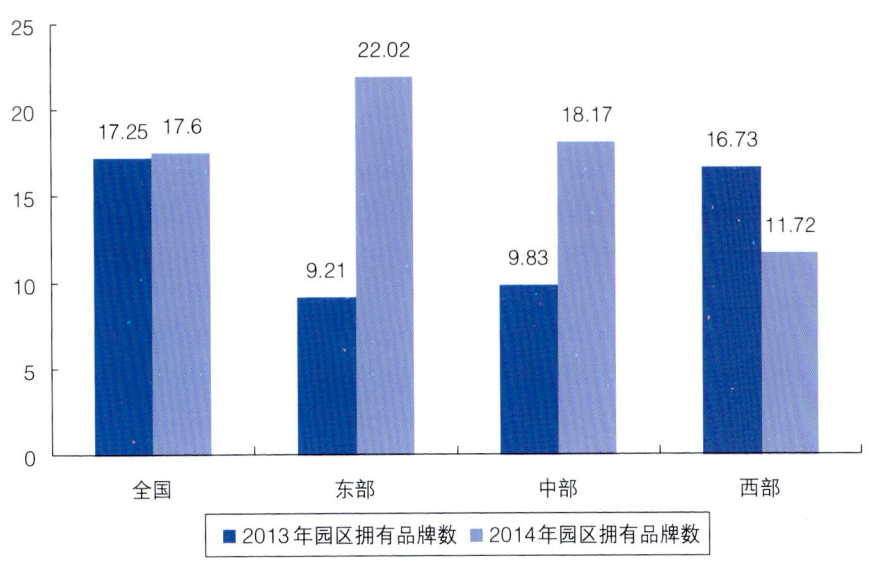

图4-17 2013年和2014年园区拥有的品牌数（单位：个）

2.地理标识产品有所增长，逐步成为园区的象征性名片

除了加大品牌建设力度之外，2014年部分园区也着力打造地理标识产品。地理标

识产品是一个地区象征性的"名片",对提升地区知名度,促进区域经济发展有着重要而深远的意义。通过将实施地理标识产品保护和实施名牌战略、技术标准化战略有机结合起来,做到相互补充,相互促进,进而促进农业规范化、品牌化发展。2014年在106个国家农业科技园区中有22个园区取得了地理标识产品,而通化和武汉取得的地理标识产品数量在10个左右,明显领跑其他104个园区,具体如图4-18所示。

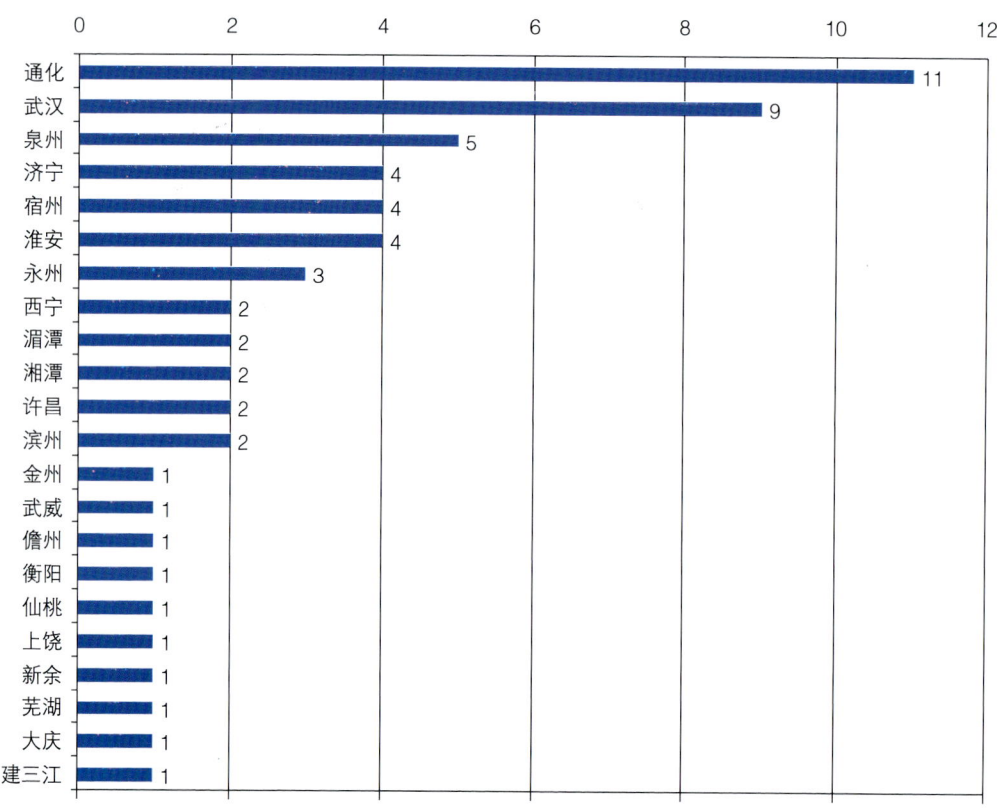

图4-18 2014年取得地理标识产品的园区(单位:个)

五、国家农业科技园区土地产出率与劳动生产率分析

国家农业科技园区在现代服务业引领和推动现代农业发展方面起到了重要作用,而现代农业作为产业化经营的农业,土地产出率、劳动生产率是其最为重要的评价指标。

1.土地产出率基本持平,东部园区继续保持领先地位

土地产出率方面,采用年度园区总产值与园区已建成面积的比值进行衡量,106

个园区(东部38个、中部36个和西部32个)的平均土地产出率为7.06万元/公顷,与2013年平均土地产出率7.73万元/公顷相比略有下降。土地产出率最高的20个园区如图4-19所示。

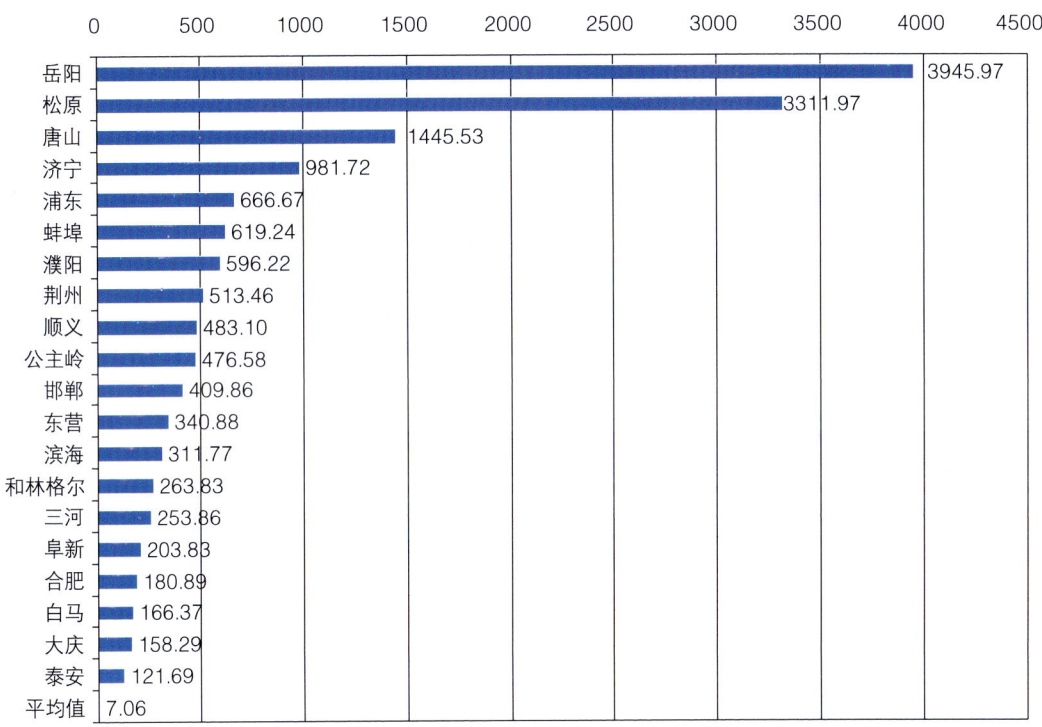

图4-19 2014年园区土地产出率前20名(单位:万元/公顷)

由图4-19可以看出,土地产出率排名前20位的园区均超过平均值7.06万元/公顷,这在一定程度上说明土地产出数据相对分散。其中岳阳和松原分别3945.97万元/公顷和3311.97万元/公顷,远远高于其他园区。

2014年全国以及东部(38个)、中部(36个)和西部(32个)园区土地产出率平均值如表4-8所示。

表4-8 2013年和2014年园区土地产出率

（单位：万元/公顷）

	2013年土地产出率	2014年土地产出率
全国	7.73	7.06
东部	11.06	19.98
中部	6.48	3.99
西部	6.04	9.29

2013年和2014年的数据对比显示，2014年全国106家园区土地产出率平均值为7.06万元/公顷，与2013年的平均值7.73万元/公顷基本持平。区域对比方面，2014年西部园区土地产出率平均为9.29万元/公顷，高于中部园区3.99万元/公顷，但低于东部园区的19.98万元/公顷。同时，2014年东部和西部园区土地产出率平均值远远高于2013年，中部园区土地产出率平均值低于2013年。如图4-20所示。

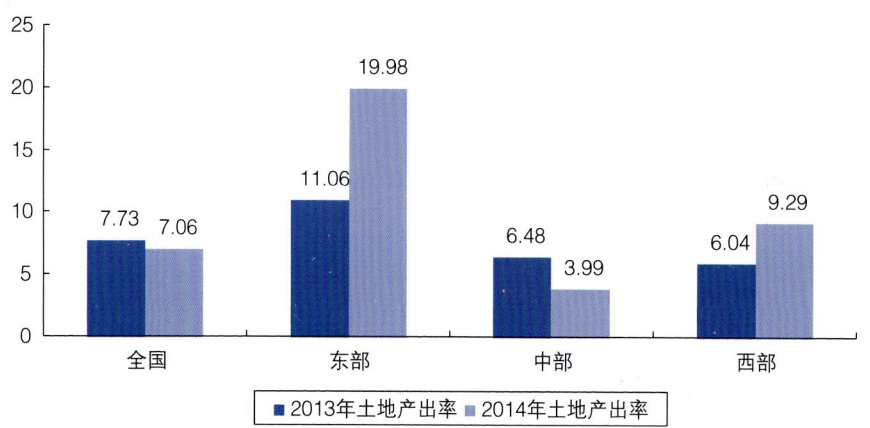

图4-20 2013年和2014年园区土地产出率（单位：万元/公顷）

2.园区的劳动生产率明显提高，东部和中部地区增长幅度较大

园区劳动生产率采用年度园区增加值与园区从业人员数的比值进行衡量，106个园区的平均劳动生产率为13.19万元/人，与2013年劳动生产率9.93万元/人相比有明显提升。劳动生产率最高的前20名园区如图4-21所示。

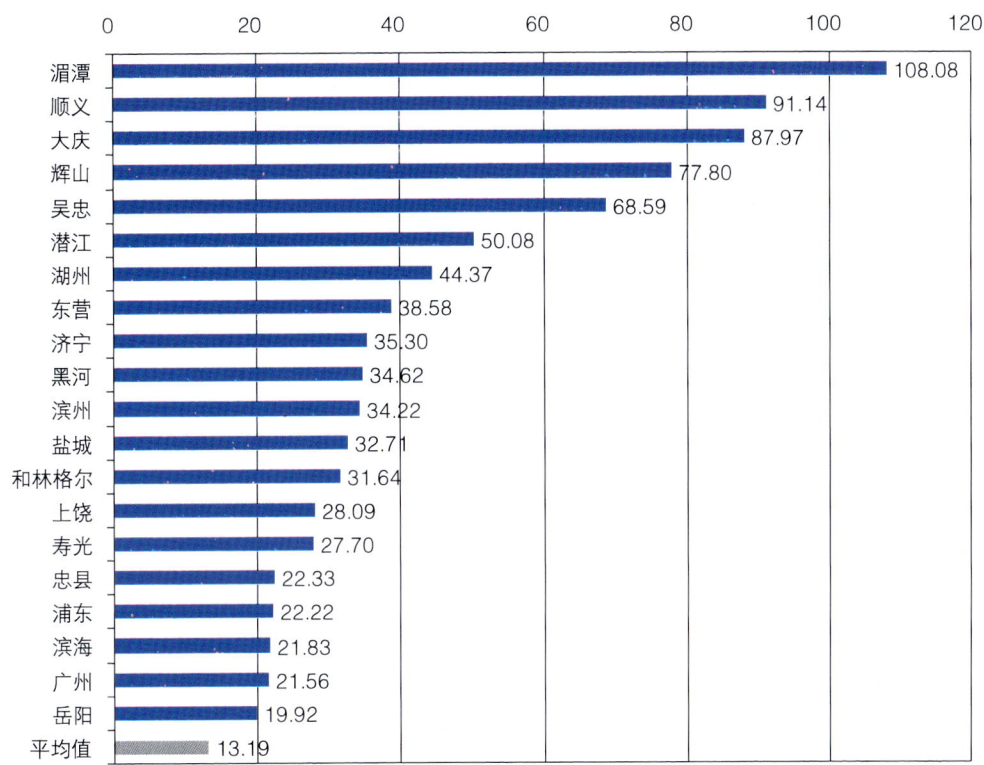

图4-21 2014年园区劳动生产率前20名（单位：万元/人）

由图4-21可以看出，劳动生产率排名前20位的园区均超过平均值13.19万元/人，这在一定程度上说明劳动生产率数据相对分散。其中湄潭为108.08万元/人，高于其他园区。

2014年全国以及东部（38个）、中部（36个）和西部（32个）园区劳动生产率平均值如表4-9所示。

表4-9 2013年和2014年园区劳动生产率

（单位：万元/人）

	2013年劳动生产率	2014年劳动生产率
全国	9.93	13.19
东部	11.30	15.70
中部	7.23	11.72
西部	15.10	11.84

2013年和2014年的数据对比显示，2014年全国106家园区劳动生产率平均值为13.19万元/人，明显高于2013年的劳动生产率平均值9.93万元/人。区域对比方面，2014年西部园区劳动生产率平均为11.84万元/人，略高于中部园区11.72万元/人，但低于东部园区的15.70万元/人。同时，2014年东部和中部园区劳动生产率平均值远远高于2013年，西部园区劳动生产率平均值低于2013年。如图4-22所示。

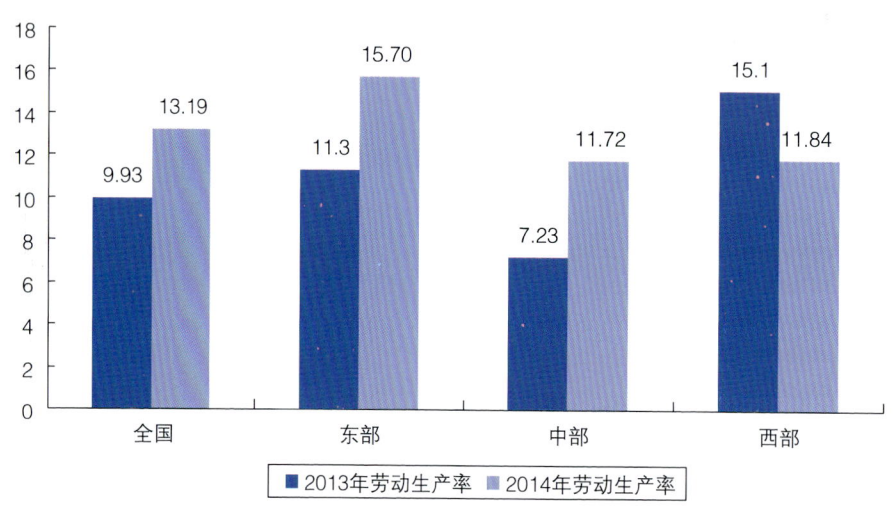

图4-22　2013年和2014年园区劳动生产率（单位：万元/人）

六、小结

创新绩效体现了国家农业科技园区创新能力的经济效益与社会效益。本章结合园区企业技术性收入占企业总产值比例、一二三产业融合度、年度孵化毕业新增企业数、品牌建设、土地产出率、劳动生产率等指标对106个园区的创新绩效指数进行了核算，并得出如下结论：

（1）多数园区的消费性农产品生产有较大发展，产业带动能力没有太大发展，略有滞后。

（2）从产业结构上看，园区总产值发展很快，二三产业的产值比重进一步增加，产业结构不断优化。

（3）作为农业产业孵化器，园区企业培育成果增加，孵化作用持续加强。

（4）园区拥有的品牌数量继续增加，品牌化运作有所加深，地理标识产品成为新亮点。

（5）园区土地产出率、劳动生产率增长趋势明显，产业化经营不断深化。

国家农业科技园区创新能力评价报告2015

附 录

一、国家农业科技园区创新能力评价指标体系

从创新主体的角度,国家农业科技园区的创新能力既涉及区域创新能力,也涉及企业创新能力;从创新链条的角度,国家农业科技园区的创新能力既包括产业链创新,也包括价值链创新。其中,区域创新能力评价基本可从知识创造、知识流动、企业创新、创新环境、创新绩效5个方面着手。企业创新能力可根据国家统计局发布的《中国企业自主创新能力分析报告》从潜在技术创新资源指标、技术创新活动评价指标、技术创新产出能力指标和技术创新环境指标4个方面入手。产业链创新水平评价可以从影响产业链创新的农业基础、市场、生产要素、企业及政策等因素入手。价值链创新评价可以从创新来源、原创构想、技术设计、实验原型、技术孵化、技术商品、标准产品到市场开发8类功能节点入手,并重点考虑科研机构、中介机构、推广机构等科技价值链系统中的关键成员以及金融机构的参与。

在综合学界研究成果和调研园区实际状况的基础上,经过多轮调研、访谈,本报告从创新支撑、创新水平、创新绩效三方面形成了针对农业科技园区创新能力的评价指标体系(见附表1,注:创新能力的评价指标体系主要用于创新能力指数的测算,与分项指标分析中各指标并不完全一致),并采用等权重方法确定了指标权重。

附表1 农业科技园区评价指标体系

一级指标	二级指标	指标解释	采集数据
I_1 创新支撑	I_{11} 创新人才数	既包括科技特派员（含个人科技特派员与法人科技特派员），也包括研究与试验发展（R&D）人员	园区个人科技特派员数量、园区法人科技特派员数量、园区研发（R&D）人员数量
	I_{12} 园区企业R&D总投入占主营业务收入比例	该比例是衡量农业科技园区在创新过程中财力支撑持续性的重要指标	园区企业R&D总投入占主营业务收入比例
	I_{13} 园区单位土地面积投融资强度	该指标能够衡量农业科技园区在创新过程中得到的财力支撑水平	园区单位土地面积投融资强度
	I_{14} 大型仪器设备原值总额	大型仪器设备指购买时市场价值在10万元人民币以上的仪器设备	大型仪器设备原值总额
	I_{15} 园区省部级以上研发中心数量占园区研发中心总数比例	该比例是对园区创新支撑平台条件的重要衡量指标	园区省部级以上研发中心数量占园区研发中心总数比例
	I_{16} 园区信息化水平	对园区信息化投入、基础设施、电子商务情况等各项指标进行考核	园区信息化建设情况
	I_{17} 地方政府支持力度	主要考察年度园区所在地方政府对园区的政策支撑以及专项资金支持情况	园区所在地方政府在人才、土地、税收等方面的支持
I_2 创新水平	I_{21} 授权发明专利数	本指标是园区企业得到授权的发明专利数与园区自身得到授权的发明专利数之和	园区授权发明专利数
	I_{22} 通过省级以上审定的新品种（系）数	统计园区内企业以及园区自身培育的、通过省级以上审定的植物新品种数量	园区通过省级以上审定的植物新品种数
		统计园区内企业以及园区自身培育的、通过省级以上审定的畜禽水产新品种配套系数量	园区通过省级以上审定的畜禽水产新品种配套系数
	I_{23} 科技推广能力	指年度园区内企业以及园区自身引进（育）并示范推广的、通过省级以上审定的植物新品种、畜禽水产新品种配套系总数；研发、引进并示范推广的新技术、新产品、新设施数量	推广植物新品种数，推广畜禽水产新品种系数，推广新技术、新产品、新设施数

续表

一级指标	二级指标	指标解释	采集数据
I_3 创新绩效	I_{31} 园区企业技术性收入与生产资料类产品销售收入占企业总产值比例	主要考察园区内企业的创新带动作用	园区企业技术性收入与生产资料类产品销售收入占企业总产值比例
	I_{32} 企业万元增加值能耗	企业万元增加值能耗是全球度量企业能耗的重要指标	企业万元增加值能耗
	I_{33} 年度孵化毕业企业数	年度孵化毕业企业数用于反映园区企业产业化创新绩效	年度孵化毕业企业数
	I_{34} 一二三产业融合度	园区二三产业产值占总产值比例用于反映园区一二三产业融合程度	园区二三产业产值占总产值比例
	I_{35} 土地产出率	土地产出率指单位土地上的平均年产值	土地产出率
	I_{36} 劳动生产率	劳动生产率是指单位劳动力的农业产值增加值	劳动生产率
	I_{37} 园区科普能力	园区科普能力的主要考察点为年参观人次与年培训人次	园区年度参观人次、园区年度培训人次
	I_{38} 园区创新品牌数		园区创新品牌数

二、国家农业科技园区创新能力评价数据来源

本报告采用的评价数据主要来源于国家农业科技园区创新能力监测取得的数据。而相关监测数据来源为园区管委会以及园区内填报数据的企事业单位，园区管委会对各项填报数据负责。此外，所获取的数据还将通过地方科技部门把关、实地考察调研、随机数据抽查等方式加以验证。

三、国家农业科技园区创新能力评价参评园区名单

附表2 参加创新能力评价的国家农业科技园区名单

编号	简称	全称
1	昌平	北京昌平国家农业科技园区
2	顺义	北京国际鲜花港农业科技园区
3	津南	天津津南国家农业科技园区
4	滨海	天津滨海国家农业科技园区
5	三河	河北三河国家农业科技园区
6	唐山	河北唐山国家农业科技园区
7	邯郸	河北邯郸国家农业科技园区
8	晋中	山西晋中国家农业科技园区
9	运城	山西运城国家农业科技园区
10	吕梁	山西吕梁国家农业科技园区
11	赤峰	内蒙古赤峰国家农业科技园区
12	和林格尔	和林格尔县国家农业科技园区
13	阜新	辽宁阜新国家农业科技园区
14	辉山	辽宁辉山国家农业科技园区
15	铁岭	辽宁铁岭国家农业科技园区
16	公主岭	吉林公主岭国家农业科技园区
17	松原	吉林松原国家农业科技园区
18	通化	吉林通化国家农业科技园区
19	延边	吉林延边国家农业科技园区
20	哈尔滨	黑龙江哈尔滨国家农业科技园区
21	建三江	黑龙江建三江国家农业科技园区
22	大庆	黑龙江大庆国家农业科技园区
23	黑河	黑龙江黑河国家农业科技园区
24	浦东	上海浦东国家农业科技园区
25	常熟	江苏常熟国家农业科技园区
26	白马	江苏南京白马国家农业科技园区
27	淮安	江苏淮安国家农业科技园区

续表

编号	简称	全称
28	盐城	江苏盐城国家农业科技园区
29	嘉兴	浙江嘉兴国家农业科技园区
30	金华	浙江金华国家农业科技园区
31	湖州	浙江湖州国家农业科技园区
32	宿州	浙江宿州国家农业科技园区
33	芜湖	安徽芜湖国家农业科技园区
34	合肥	安徽合肥国家农业科技园区
35	铜陵	安徽铜陵国家农业科技园区
36	安庆	安徽安庆国家农业科技园区
37	蚌埠	安徽蚌埠国家农业科技园区
38	漳州	福建漳州国家农业科技园区
39	宁德	福建宁德国家农业科技园区
40	泉州	福建泉州国家农业科技园区
41	南昌	江西南昌国家农业科技园区
42	井冈山	江西井冈山国家农业科技园区
43	新余	江西新余国家农业科技园区
44	上饶	江西上饶国家农业科技园区
45	寿光	山东寿光国家农业科技园区
46	东营	山东东营国家农业科技园区
47	烟台	山东烟台国家农业科技园区
48	济宁	山东济宁国家农业科技园区
49	泰安	山东泰安国家农业科技园区
50	滨州	山东滨州国家农业科技园区
51	许昌	河南许昌国家农业科技园区
52	南阳	河南南阳国家农业科技园区
53	鹤壁	河南鹤壁国家农业科技园区
54	濮阳	河南濮阳国家农业科技园区
55	武汉	湖北武汉国家农业科技园区
56	仙桃	湖北仙桃国家农业科技园区

续表

编号	简称	全称
57	荆州	湖北荆州国家农业科技园区
58	潜江	湖北潜江国家农业科技园区
59	望城	湖南望城国家农业科技园区
60	永州	湖南永州国家农业科技园区
61	衡阳	湖南衡阳国家农业科技园区
62	岳阳	湖南岳阳国家农业科技园区
63	湘潭	湖南湘潭国家农业科技园区
64	广州	广东广州国家农业科技园区
65	湛江	广东湛江国家农业科技园区
66	百色	广西百色国家农业科技园区
67	北海	广西北海国家农业科技园区
68	桂林	广西桂林国家农业科技园区
69	儋州	海南儋州国家农业科技园区
70	三亚	海南三亚国家农业科技园区
71	忠县	重庆忠县国家农业科技园区
72	璧山	重庆璧山国家农业科技园区
73	乐山	四川乐山国家农业科技园区
74	广安	四川广安国家农业科技园区
75	雅安	四川雅安国家农业科技园区
76	贵阳	贵州贵阳国家农业科技园区
77	湄潭	贵州湄潭国家农业科技园区
78	毕节	贵州毕节国家农业科技园区
79	黔西南	贵州黔西南国家农业科技园区
80	红河	云南红河国家农业科技园区
81	石林	云南昆明石林国家农业科技园区
82	楚雄	云南楚雄国家农业科技园区
83	拉萨	西藏拉萨国家农业科技园区
84	日喀则	西藏日喀则国家农业科技园区
85	榆林	陕西榆林国家农业科技园区

续表

编号	简称	全称
86	杨凌	陕西杨凌国家农业科技园区
87	渭南	陕西渭南国家农业科技园区
88	定西	甘肃定西国家农业科技园区
89	天水	甘肃天水国家农业科技园区
90	武威	甘肃武威国家农业科技园区
91	西宁	青海西宁国家农业科技园区
92	海东	青海海东国家农业科技园区
93	吴忠	宁夏吴忠国家农业科技园区
94	银川	宁夏银川国家农业科技园区
95	固原	宁夏固原国家农业科技园区
96	石嘴山	宁夏石嘴山国家农业科技园区
97	伊犁	新疆伊犁国家农业科技园区
98	乌鲁木齐	新疆乌鲁木齐国家农业科技园区
99	和田	新疆和田国家农业科技园区
100	石河子	新疆生产建设兵团石河子国家农业科技园区
101	阿拉尔	新疆生产建设兵团阿拉尔国家农业科技园区
102	五家渠	新疆生产建设兵团五家渠国家农业科技园区
103	金州	大连金州国家农业科技园区
104	旅顺	大连旅顺国家农业科技园区
105	即墨	青岛即墨国家农业科技园区
106	慈溪	宁波慈溪国家农业科技园区

四、国家农业科技园区创新能力评价测算过程

1.国家农业科技园区创新能力指数测算

采用对数标准化的方法对国家农业科技园区的创新能力评价指标数据进行标准化处理，具体公式如下：

$$I_{标} = \frac{\ln x - \ln x_{\min}}{\ln x_{\max} - \ln x_{\min}}$$

利用标准化处理后的数据计算园区的创新能力指数，具体公式如下：

$$I_{分} = \sum_{1}^{n} \omega_i \cdot I_{标}$$

$$I_{总} = \sum_{1}^{n} I_{分}$$

上式中，$I_{总}$为园区创新能力的总指数，$I_{分}$为创新支撑、创新水平和创新绩效三个分项指标得分，ω_i为分项指标下的二级指标权重，为了便于纵向对比，权重仍然沿用2013年创新能力指数计算使用的等权重赋值方法。

2.国家农业科技园区创新能力相对指数的测算

2014年国家农业科技园区创新能力相对指数的测算以2013年作为基期，设定2013年国家农业科技园区创新能力指数为100，具体计算过程如下：

2014年创新能力相对指数的单项指标得分通过2014年与2013年同一指标相除得到，公式如下：

$$I_{2014年单项} = \frac{2014年单项指标数据}{2013年单项指标数据}$$

在此基础上，利用指标权重（等权重）与单项指标得分相乘求和可以得到2014年国家农业科技园区创新能力相对指数，公式如下：

$$I_{2014年相对} = \sum_{1}^{n} \omega_i \cdot I_{2014年单项} \cdot 100$$

创新能力相对指数的测算能够直观清晰地反映出国家农业科技园区整体创新能力的发展情况。

3.国家农业科技园区创新能力的聚类分析

利用K均值聚类的方法，以园区的创新支撑、创新水平、创新产出指标得分为特征值，对国家农业科技园区的创新能力进行分类。具体的计算步骤如下：

1) 选取聚类中心。该中心可以任意选取，也可以通过直方图进行选取，还可以通过取前2个值进行选取。

2) 计算每一个园区分项指标得分到聚类中心的距离。利用距离测算公式计算每个园区分项指标得分的中心距离，并且划分新的聚类中心，具体的距离测算公式如下：

$$J(c,\mu) = \sum_{i=1}^{m} \left\| x^{(i)} - \mu_{c^{(i)}} \right\|^2$$

上式中，$x^{(i)}$ 为分项指标得分，μ_c 为聚类中心，c 为聚类中心个数。

3) 重复上述步骤，直到输出达到要求的类别。通过聚类分析将国家农业科技园区划分为不同类别，以掌握国家农业科技园区的整体发展层次，并且有利于对各类园区的创新发展进行分类指导。

4.国家农业科技园区创新能力的总体差异分析

利用泰尔系数对国家农业科技园区创新能力的总体状况和分项指标进行差异分析。泰尔系数的基本公式如下：

$$T = \sum_{p=1}^{N} \frac{Y_p}{Y} \ln(\frac{Y_p/Y}{1/N})$$

（1）国家农业科技园区创新能力的总体差异分析

利用泰尔系数对国家农业科技园区创新能力的总体差异进行分析，具体公式如下：

$$T = T^B + T^W$$

$$T^B = \sum_{g=1}^{G} \frac{C_g}{C} \ln(\frac{C_g/C}{A_g/A})$$

$$T^W = \sum_{g=1}^{G} \frac{C_g}{C} T_g，\text{其中} T_g = \sum_{p=1}^{A_g} \frac{C_{gp}}{C_g} \log(\frac{C_{gp}/C_g}{1/A_g})$$

上式中，T 代表国家农业科技园区创新能力的总体差异系数，T^B 代表创新能力的区域间差异系数，T^w代表创新能力的区域内差异系数。C代表调查的国家农业科技园区创新能力指数之和，C_g代表东中西某一区域的国家农业科技园区创新能力指数之和，C_{gp}代表单个园区的创新能力指数。A代表调查的国家农业科技园区的核心区面积之和，A_g代表东中西某一区域的国家农业科技园区的核心区面积之和。

（2）国家农业科技园区创新能力的分项指标差异分析

利用泰尔系数对国家农业科技园区创新能力分项指标的差异进行分析，具体公式如下：

$$T = T_i^B + T_i^w$$

$$T_i^B = \sum_{g=1}^{G} \frac{C_{gi}}{C_i} \ln(\frac{C_{gi}/C_i}{A_g/A})$$

$$T_i^w = \sum_{g=1}^{G} \frac{C_{gi}}{C_i} T_{gi}, \quad 其中 T_{gi} = \sum_{p=1}^{A_g} \frac{C_{gpi}}{C_{gi}} \log(\frac{C_{gpi}/C_{gi}}{1/A_g})$$

分项指标区域差异分析方法与总体创新能力的分析方法相似，上式中，i取值分为1，2，3，分别代表创新支撑、创新水平和创新绩效三个分项指标。T_i^B代表各分项指标的区域间差异系数，T_i^w代表各分项指标的区域内差异系数。C_i代表调查的国家农业科技园区的各分项指标得分之和，C_{ig}代表东中西某一区域的国家农业科技园区的各分项指标得分之和，C_{gpi}代表单个园区的分项指标得分。

5.国家农业科技园区的创新效率评价测算

利用数据包络分析即DEA的方法对国家农业科技园区的创新效率评价进行测算。数据包络分析是一个线形规划模型，表示为产出对投入的比率。通过对一个决策单元的效率和一组提供相同业务的决策单位的绩效进行比较，测算各决策单元的相对运行效率。在这个过程中，获得100%效率的一些单位被称为相对有效率单位，而另外效率评分低于100%的单位被称为无效率单位。并通过对无效率单位和有效率单位的比较，发现降低无效率的方法，从而改善无效率单位的资源使用水平。通过对国家农业科技园区创新效率的测算，能够发现创新技术效率低下的园区，并可以通过与高效率园区的对比分析为国家农业科技园区的创新效率提升提供理论参考。

(1) 国家农业科技园区的创新效率测算

利用数据包络分析的BCC模型测算国家农业科技园区创新的技术有效性，即技术效率，具体公式如下：

$$\begin{cases} \max \mu Y_{j_0} = V_p, \\ st. \omega^T X_j - \mu Y_j \geq 0 (j=1,2\cdots,r), \\ \omega^T X_0 = 1 \\ \omega \geq 0, \mu \geq 0. \end{cases}$$

上式中，V_p 代表各园区的创新技术效率，ω^T 为投入变量的权重，μ 为产出变量的权重，X_j 为各园区的创新投入变量，包括园区的研发投入、科技人员投入、研发中心数量等，Y_j 为园区的创新产出变量，包括园区获得的专利，引进和推广的植物和畜禽水产新品种，引进和推广的新产品、新技术和新设施等。

(2) 国家农业科技园区创新效率的对比分析

在测算各园区创新技术效率的基础上，求出东中西部区域的园区创新技术效率的平均值，公式如下：

$$\overline{V}_i = \frac{\sum_{p=1}^{n} V_p}{n}, \quad i=1,2,3$$

并且分别找出东中西部区域中创新技术效率为1即具有效率的园区进行对比分析。

致 谢

国家农业科技园区创新能力评价是在科技部创新发展司、农村科技司的大力支持下开展的。在数据采集、评价指标和评价方法的制定过程中得到了许多专家和各地方科技主管部门、各国家农业科技园区的帮助，在此一并表示感谢。

省级科技部门：

马金旺　单光瑞　杨佩茹　侯树民　莫日根　徐国庆
付　帅　潘明华　董树沛　顾　俊　钱玉红　王士武
李坚义　曹春阳　王钟伟　王备战　朱勇进　黄　耀
夏奇峰　韦昌联　戴恩宇　王勇德　杨光垚　项志宏
吴　杰　李轶群　郭文奇　任贵忠　王立华　赵双象
赵　鹏　王维基　于建军　刘建新　何晓南　许长水
张万巧

国家农业科技园区：

张　新　王　润　孙文君　刘金枝　马建秋　张雅莉
谷珊珊　董　燕　张瑞江　闫永刚　刘雪梅　刘晓霞
李　鹤　李　琳　朱延宾　郝建标　刘亚飞　刘凤山
赵　冰　高　岩　郎福军　白明昱　崔　冶　刘士辉
张　猛　严雪凤　袁　洁　黄玉玲　陈小瑛　沈　炜
袁名安　刘　凯　秦　琴　许大军　王　军　汪吉明
王伦东　黄懿君　吴圣栋　蓝炎阳　李艺敏　林金秀

刘　勋	吕雅琴	林亮如	徐欢成	林爱红	李艳玮
万菲菲	孙艳刚	杨　阳	彭　松	钟锡琴	李　凯
巩晓乐	徐惠友	姚　淇	华东彪	任群帅	焦　冉
何利君	樊文伟	李波林	吴佳帅	杨　佳	刘登源
彭　钰	张建军	江雄伟	邬定钧	熊　燕	岑寒阳
覃小蝶	莫李君	任　红	王康文	陈贵青	刘光兰
陈　磊	余红萍	刘清华	管仕鹏	何　玫	宋顺超
王炳杰	犹昌艳	柳艳平	王江平	吴礼周	母先富
娄金华	宫杰芳	侯　锋	何　明	段祖文	张洪云
王苑文	胡　赟	董景学	白　杨	郑亚军	陈丽英
祁　星	李彩萍	刘天池	蒋汉元	刘　伟	王　勃
倪金龙	杨　丽	崔　璀	陆　岩	马　龙	范振九
曹　献	李　琳	华桂红	李朝晖	刘显智	孙旦杰
房巍慧					